中国人要知道的中国事儿

中国事儿

高翠峰 编著

交流卷

华夏出版社

图书在版编目（CIP）数据

中国人要知道的中国事儿·交流卷/高翠峰编著.—北京：华夏出版社，2013.10
ISBN 978-7-5080-7773-4

Ⅰ.①中… Ⅱ.①高… Ⅲ.①中华文化－文化交流－文化史－青年读物 ②中华文化－文化交流－文化史－少年读物 Ⅳ.①K203-49

中国版本图书馆CIP数据核字（2013）第183252号

中国人要知道的中国事儿·交流卷

作　　者：高翠峰
责任编辑：赵　楠
封面设计：锋尚设计

出版发行　华夏出版社
经　　销　新华书店
印 装 厂　北京汇林印务有限公司
版　　次　2013年10月第1版　2013年10月第1次印刷
开　　本　720×1000　1/16
印　　张　13
字　　数　204千字
定　　价　29.80元

华夏出版社　网址：www.hxph.com.cn　地址：北京东直门外香河园北里4号　邮编：100028
若发现本版图书有印装质量问题，请与我社营销中心联系调换。　电话：(010) 64663331（转）

目录 CONTENTS

- 1/ 军事家孙子、孙膑以兵法著作传世
- 5/ 扬名世界的中国龙——万里长城
- 9/ 中西贸易最早的联结者——张骞和他开辟的"丝绸之路"
- 13/ 昭君出塞以"和亲"寻求和平
- 18/ 不远万里求真经——朱士行西行求法
- 21/ 裴矩写《西域图记》介绍西域地理
- 25/ 松赞干布迎娶文成公主入藏
- 30/ 《西游记》中唐三藏的原型——玄奘和他的取经之路
- 34/ 鉴真东渡日本宣传佛法
- 38/ 靺鞨的历史及"渤海文化"
- 42/ 最早来华的韩国留学生
- 46/ 辽太祖平定叛乱
- 49/ 藏族统治者中的英雄——唃厮啰建吐蕃联盟
- 52/ 中日僧侣架起文化交流的桥梁
- 56/ 丹心一片照汗青——民族英雄文天祥
- 60/ 文韬武略、治国有道的元昊
- 64/ 张元、吴昊墙上题名得重用
- 68/ 完颜襄修筑界壕

72/ 火药在蒙金汴梁战争中爆发威力
75/ 丘处机万里拜见成吉思汗
79/ 萨班大师归附蒙古
84/ 太祖建炮兵，大元造火炮
87/ 马可·波罗记录元朝繁盛景象
91/ 刺探蒙古国军情的意大利间谍
95/ 赵仁甫布道授业
98/ 郝经千里赴宋鸿雁传书递消息
102/ 赵良弼不负使命出使日本
106/ 鄂多立克游历东方中国
110/ "东方马可波罗"汪大渊

114/ 三宝太监郑和七下西洋
118/ 中国城市里的西方风情
122/ 中国近代第一位留学生与留美幼童计划
126/ 外交必备手册《瀛环志略》
130/ 外国公使来访引发的中西礼仪之争
134/ 向西方传播中国文化的使者——理雅各
137/ 清政府外交使团中的西方领队
141/ 首开官方西书中译风气的江南制造局翻译馆
144/ 第一个翻译《马赛曲》的中国人王韬

147/ 第一个记录巴黎公社的中国人
150/ 中国戏剧《赵氏孤儿》传入欧洲
154/ 中国近代化学工业的发展
158/ 哥白尼"日心说"冲击中国人世界观
161/ 牛顿学说引入中国
165/ 达尔文学说震撼近代中国思想界
169/ 中国人认识《伊索寓言》
173/ 最早被翻译到中国的西洋小说
176/ 《圣经》的中译历程
179/ 传教士花之安写作《自西徂东》
182/ 中国第一位驻外公使郭嵩焘

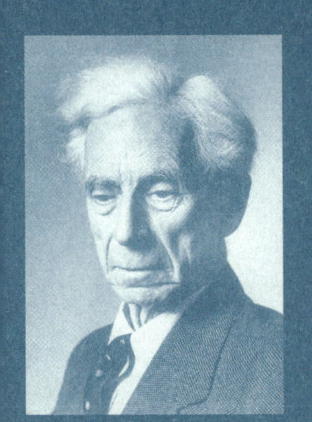

187/ 马克思主义被引入中国
191/ 不懂外文的译界泰斗——翻译奇人林纾
195/ 庚子赔款反哺近代中国留学事业
199/ 杜威和罗素谈中国问题

華夏

军事家孙子、孙膑以兵法著作传世

战争中间，交战双方指挥官的运筹帷幄与调兵遣将的策略是决定胜败的重要因素，兵法也就显得尤为重要。在中国古代，有两部兵书，一直被时代流传，甚至被世界众多军事家推崇，也成为传播中国军事文化的重要载体。这两部闻名遐迩的兵书，就是春秋战国时期孙武所著的《孙子兵法》和孙膑所著的《孙膑兵法》。

春秋末期齐国人孙武自幼熟读兵书并精通多样武艺。他的祖父本姓田，是齐国的大将军，因为战功被齐景公赐予孙姓，其子孙都以此为姓，到孙武时，已经是第三代了。

齐国内乱期间，孙武为了逃避战乱，和家人一起来到了吴国，帮助吴王训练军队，并指挥吴国军队在战争中打败了强大的楚国，从此名声显赫。

当时吴国的国王阖闾为了与楚国争霸，广招人才，任用贤能，重用伍子胥进行了一系列社会改革，国势越发昌盛。

楚国在吴国的西面，是吴国的主要敌人。虽然吴国在经济、军事和外交等方面都具备了伐楚的条件，但是却一直缺少一位精通战争的帅才。于是，伍子胥将孙武推荐给了吴王。孙武将他的十三篇兵法运用到治军中去，协助吴王训练军队，一举击败了楚国。

吴王任用孙武担任吴国将军后，立即就要攻打楚国。孙武制止了他，并从双方军事实力的对比和现实条件等方面分析出现在的时机并不成熟，他认为楚国虽然江河日下，但毕竟是当时的头等强国，不可轻举妄动。随后，孙武为吴王献上"疲楚"、"误楚"的策略，巧妙地隐蔽了主要的突击方向。他设计了千里之外的奇袭战略，并为此训练了一支具有机动能力的军队。

公元前506年,吴王一意孤行,决定进攻楚国,孙武见无法阻挡,只得为吴王出主意,他说:"现在楚国令尹子常贪得无厌,居然为了一匹马、一块玉和一件皮袄得罪了蔡昭侯和唐成公。如果我们趁此机会拉拢蔡国和唐国,那么,胜算就大得多了。"吴王听从了他的意见。

孙武像

做好准备工作后,当年冬天,吴王任命孙武为主将,率领3万人马向楚国进军,深入楚国腹地,一路直逼汉水。楚王得知后大惊失色,立即下令20万大军迎敌。楚军大举发起反击,吴军在孙武的指挥下,避其锐气,并不投入决战,且战且退,一直后退到柏举这个地方。这样一来,不但避开了楚军的前后夹击,又诱使楚国军队脱离了原来的防御地带,造成了对方的轻敌态度。吴军在一路后退的过程中打了三次仗,但都受到损失。最终,吴军在柏举投入主力,发起总攻,大败楚军。十天后,孙武的队伍占领了楚国的都城郢城。

让孙武名留史册的,除了战功,更重要的是由于他创作了不朽的军事巨著《孙子兵法》。孙武结合自身带兵打仗的经历,总结古代和当时的战争经验,精心研究兵法,著成了《孙子兵法》一书,成为世界军事史上的著名军事学著作。

在《孙子兵法》一书中,孙武提出了许多为后世推崇的观点。他首次提出了"不战而屈人之兵"的战略,指的是不用和敌人交战就能胜利,即最好的计策是在谋略上或者通过外交手段来战胜敌人,不战而达到"全胜"的目的,这也是孙武认为的最高境界,当然,这在现实中很难实现。在战争中,他还提出了"胜于易胜"的军事理念,就是付出最小的代价赢得最大的胜利。

他提出"人是决定战争胜负的主要因素",注重在战争中要充分发挥将帅和士兵的主观能动性，努力做到军纪严明；强调"知己知彼"、"百战不殆"，指挥员要善于深入战场进行实地调查，掌握敌我双方的军事情况，在作战中要争取主动权，善于使用奇兵以攻其不备。他还主张要避实击虚，在进攻和防守时，要善于隐藏，进攻时要迅速、顽强，这样才能战胜敌人。

孙武强调军纪严明并非虚张声势。最早他将自己的《孙子兵法》13篇献给吴王后，吴王很高兴，也想试一试孙武的兵法是否真的有效果，就派出了180名宫女交给孙武，要他演练兵法。孙武找来吴王两个最宠爱的妃子担任队长，开始操练。可是在训练中，宫女们嘻嘻哈哈打闹成一片。孙武耐心地讲解完号令和军纪，继续开始操练。可是宫女们还是不改嬉笑的状态，孙武勃然大怒，决定处死两名队长。吴王看孙武要处死爱妃，赶忙为她们求情。孙武斩钉截铁地回答："将在外，军令有所不受。"坚持处死了两个妃子，并重新任命了两名队长。宫女们被他的气势震慑，很快按照他的军令认真操练起来。孙武治军时这种执法如山、不分贵贱、不避亲疏、严明军纪的做法，是他在军事指挥上成功的重要原因之一。

除了《孙子兵法》之外，战国时期齐国人孙膑写的《孙膑兵法》也是我国军事史上的著名兵书。

孙膑相传是孙武的后代。他在年轻时曾跟随一位叫鬼谷子的人学习兵法。孙膑学习刻苦，勤于思考，进步很快，老师对他赞赏有加。

有个叫庞涓的人和孙膑一起学习兵法，他是个志大才疏、急功近利的人，只学到了皮毛就下山来到了魏国。庞涓帮魏王打了一些胜仗，颇得赏识，并担任了魏国的将军。但庞涓心里一直畏惧孙膑的才能远超过自己，他认为如果孙膑来到魏国，必定会取代自己的地位，使自己的声誉和地位受到影响；而如果他去了别的国家，自己在战场上又一定不是他的对手。庞涓思来想去，最后想出了一条毒计。他把孙膑骗到魏国加以迫害，以孙膑犯法为由，割去了他的膝盖

孙膑像

骨和双脚,并在他的脸上刺上字,关了起来。

孙膑虽然受到酷刑变成了残疾,但没有丧失信心。他寻找机会回到了齐国,并在齐国大将田忌的门下作门客。有一次,田忌与齐威王赛马,孙膑为他出谋划策,使田忌在实力不如对方的情况下获得了胜利,显露出了自己的智慧与才能。后来由田忌推荐,孙膑得到了齐威王的重用,并被任命为军师。

公元前354年,魏国向赵国宣战,庞涓率兵八万包围了赵国的首都邯郸。面对来势凶猛的魏军,赵国只得向齐国求援。此时,齐威王正在寻找机会与魏国开战,以便独霸中原。于是,齐威王一方面答应赵国出兵,以坚定赵国抗魏的决心;另一方面又联合宋国和卫国。而楚国和秦国也趁此机会大举进攻魏国。魏国四面受敌。然而这并没有动摇魏国灭赵的决心,他们的军队与赵军在邯郸对垒了一年之久。

第二年秋天,齐威王任命田忌为主将,孙膑为军师,率兵八万,大举进攻魏国,营救赵国。这时魏国的精锐部队全在邯郸,国内空虚,根据这种情况,孙膑提出了"避实击虚"、"围魏救赵"的作战方针。田忌带领着齐军直扑魏国都城大梁,大梁军力薄弱,魏军只得放弃邯郸,匆忙回师。如此一来,缓解了邯郸之围,齐军又趁魏军疲惫的机会将他们一举消灭。这就是历史上著名的桂陵之战,齐国取得了一箭双雕的战果。

除此以外,孙膑还指挥了马陵之战,这是齐国与魏国为争夺中原霸权而发动的战争。在孙膑的军事思想指导下,齐国取得了最终的胜利,一跃成为中原的霸主。从此孙膑名扬天下,威震四方。

孙膑在《孙膑兵法》中,继承阐释了《孙子兵法》中"避实击虚"的思想,提出"必攻不守"的重要战略原则,还对孙武"知彼知己,百战不殆"的军事思想作了补充发扬。

《孙子兵法》和《孙膑兵法》不仅在中国古代产生了深远的影响,而且直到当代也一直受到世界各国军事家的重视,成为经久不衰的军事科学巨著。

扬名世界的中国龙——万里长城

假如你驾驶一架飞机，从高空俯瞰祖国的北方地区，目光从黄土高原、燕山到阴山山脉，就会发现，在绵绵万里山峦之上，巍然屹立着一条蜿蜒曲折的巨龙，那就是举世闻名的万里长城。

长城与天安门、兵马俑一起被世人视为中华文明的象征，被中国人民比喻为中国龙，龙是中华民族的象征，在我们炎黄子孙的心目中是神圣而不可侵犯的。

虽然今天的长城作为文明观，其实最早它是作为军事设施以防御外敌为目地而修建的。让我们把历史回溯到春秋战国时期，当时我国北方有一个民族，历史上称为匈奴。匈奴是生活在蒙古高原上的一个古老的少数民族，这个民族过着逐水草而居的游牧生活。匈奴人不但骑术高超，而且个个都能弯弓射箭。因此匈奴贵族就倚仗他们骑兵行动迅速的优势，不断深入到中原地区，进行袭击、掠夺财物。这时，匈奴和与其相邻的秦、赵、燕等国经常发生战争，而内地"七雄"正忙于争霸，互相兼并，无暇顾及匈奴，对匈奴采取的是守势，都是在北方边境地区屯驻重兵，修筑工事，于是就逐渐修建起了长城。同时，有的诸侯国为了保卫自己，不被邻国所兼并，也在各自的边境筑起了长城。在只用弓箭、刀剑之类作为进攻和防御武器的战国时期，各诸侯国有了长城的保护，有效地防御了敌人的进攻。

最早开始修筑长城的，是秦国的秦始皇；因为秦始皇灭掉六国以后，匈奴就成了秦国的最大威胁。为了解除匈奴对北方边境的威胁，秦国大将蒙恬亲自督修防御工事，这些防御工事连接起来就形成了一道长城。秦国长城涉及的地区，地形条件非常复杂，既有浩瀚的沙漠地带和崇山峻岭，还有激流险滩，甚至横跨了黄土高原。尽管秦始皇下令把过去秦、燕、赵的旧长城连接起来加固，但修建工程仍然非常浩大。蒙恬开始率领兵士和民工三十余万人全面展开修城工程。当时科学技术水平非常落后，既没有大规模的运输和起重设备，修筑队伍的生活环境又十分恶劣，数十万修筑人员零零散散地分布在人迹罕至的沙漠地带和险山沟壑之间，安营扎寨，搭建起临时住所。在辛苦劳作之余，数十万人的口粮也成为一大难题，再加上西北地区多风沙，气候寒冷，增加了施工的难度。各种现实条件加在一起，修筑长城的困难程度可以想象。

蒙恬亲率大军夜以继日，不论烈日寒霜，还是雨雪天气，都坚持不懈地劳动。但由于施工难度太大，功效太低，繁重的劳役使民工不堪忍受，不少人纷纷逃亡，造成劳动大军减员严重，工程进展缓慢。十多年过去了，蒙恬的大军没有能全部完成筑城任务，后来蒙恬又被害而死。王离接替了蒙恬，接着指挥修筑长城，最终才勉强完成这个浩大的工程。

因为秦代长城绝大多数以山脉为基础，随着山势高低起伏而修筑，从西部的临洮，沿着黄河到内蒙古临河，东至辽东，全长一万多华里，所以称它为"万里长城"。由于万里长城的规模是由秦始皇时代确定的，后人就把它与秦始皇的名字联系起来。

从秦朝以后，直到明末，有十几个王朝和诸侯国多次修缮和增筑长城。汉武帝时代，为抵御匈奴，在秦长城的基础上向西延伸了两千多里，直到甘肃的酒泉、敦煌，形成了所谓的"河西长城"。长城经过两千多年，在风雪严寒的侵蚀下时有损毁，但是历朝历代都没有停止过对长城的修筑。到了明代，长城全长达到12700多里，西起嘉峪关，东到山海关。

历代对长城的墙体修筑，都是用长方形的条石砌成，每块条石长达二三米，重两千多斤，全靠工匠们肩挑人抬，沿着陡峭的山路逐段地建起长城。长城的墙面宽约5米，能同时容下5匹马并骑，10个人齐头并进。城墙上每隔不远，就建有两层堡垒。上层堡垒是垛口，垛口上部有瞭望口，是用来观察敌情用的；下面的小洞是射击用的射洞，下层堡垒建有许多小房子，用来储存粮草、军械和供士兵居住。在长城内外的群山之间、制高点上都设有烽火台。一旦发现敌情，就利用烽火台报警；白天点燃掺有狼粪的柴草，即古时所说的狼烟，滚滚浓烟直冲云霄；夜里燃烧加有硫磺和硝石的干柴，烈

火熊熊，火表明有紧急军情。临近的烽火台看见烟火后，也同样点起烟火，像跑接力赛一样，一座传一座，即使远在千里之外，也可以在几小时内将消息直接传到京城。至于点烟和火的数量和次数多少，要看敌人的数量和军情的缓急程度来决定。

万里长城每隔7.5公里的距离就建有一处关城。关城的大小根据地势和在战略上的地位而定。例如：山海关、嘉峪关、平型关、雁门关、居庸关、八达岭等等都是著名的关城。山海关被称为万里长城第一雄关，扼守着华北和东北的咽喉要冲，历来是兵家必争之地。在山海关的城楼上挂着"天下第一关"的巨幅匾额，是明代的进士萧显题写的，雄健浑厚的字迹，更增添了山海关雄关虎踞的气势。居庸关是北京的门户，距离北京最近，两旁树木葱郁，山峦重叠，景色优美。北口是八达岭，如果说居庸关是北京的大门，那么八达岭就是一把铁锁，有"一夫当关，万夫莫开"之功。最西端的嘉峪关，是现存长城中最完整的一处关城。它南依白雪皑皑的祁连山，北面一片茫茫戈壁滩，关城居中间，险峻天成。远远看上去，长城好像浮动在戈壁险滩之上，若断若续，忽隐忽现。天晴的时候，有时会出现海市蜃楼的景观，还可以欣赏到塞外风光，美丽奇特的景色尽收眼底。

长城作为一项伟大的工程，既因为凝结着中国人的智慧和辛劳而成为中国人的骄傲，也因为修筑过程充满艰辛而流传着许多令人唏嘘不已的伤感传说，其中最广为大家耳熟能详的恐怕得说是"孟姜女哭长城"的故事。

秦始皇时期，军队抓来很多百姓服劳役，背井离乡来修筑长城。由于条件恶劣、工作繁重，很多人不堪重负，在工程中丧命。相传孟姜女刚刚嫁到夫家，丈夫万喜良就被官兵抓去修长城。孟姜女思念丈夫心切，于是做了寒

衣，越过千夫。她千辛万苦到了丈夫服役的地方，谁知道迎接她的，却是丈夫已经劳累而死的消息，并且尸骨还被监工埋进了长城。孟姜女闻讯后伤心欲绝，嚎啕大哭。她的哭声悲痛感人，一时间日月无光，天昏地暗，秋风悲鸣，海水扬波。长城竟在她的哭声震撼下坍塌，露出了累累白骨。孟姜女的故事震惊了当时的人们，并且口口相传，流传了下来。后人可以从中感受到，长城的修建给黎民百姓带来的无尽艰辛和苦难。

在明代修筑长城的过程中，还流传着一个故事。当朝的兵部官员曾经和工程主持结下私怨，想趁修筑长城的机会予以报复。于是这位官员便要求，上报的工程预算要写明所用的材料及工费，既不准有一点多报，也不准有一点追加，等工程结束时要来验收，如违反规定就要惩处工程主持。这种预算在随时状况百出的工程修筑中是无法完成的，兵部官员正是想借此难倒工程主持，达到他不可告人的目的。就在工程主持为难的时候，一位老工匠挺身而出。在做了周密的调查后，老工匠仔细预算，精心设计，终于拟订出一个工程计划来，报了上去。当嘉峪关这段工程快完成的时候，工程主持捏了一把汗，整天提心吊胆，觉得前途渺茫、吉凶难料。但当最后工程结束时，所有砖瓦、木石材料都恰好用尽，工费也刚好开支完。工匠们还特意留下一块砖，作为证物备兵部验收。那位兵部官员挑不出漏洞，也不好再派人来验收。作为纪念物的那块砖，至今还放在城楼上，用来纪念那位老工匠的功德和高超的技艺。

万里长城作为古代抵抗侵略、保家卫国的一个庞大的军事防御工程，在我们现代化的战争面前已毫无用处，但作为中国在人类文明史上的一座伟大丰碑，它凝聚了我国古代劳动人民的坚强毅力、鲜血、汗水和高度智慧，它会永远树立在世界人民的心中。

中西贸易最早的联结者——张骞
和他开辟的"丝绸之路"

在我国西汉的汉武帝时期，有一位伟大的探险家，名字叫张骞。他受汉武帝派遣，到西方出使，与西域各国结盟。其间他历尽千辛万苦，甚至几次死里逃生，终于开辟了一条与西域各国经商的道路。这条道路，就是世界闻名的"丝绸之路"，也是一条中西方交流的文明、和谐与友谊之路。千百年来，这条路和张骞的名字一起留在了中国外交的史册中。

"丝绸之路"，就如同它的名字，像一条绚丽的彩带，连接着西汉的古都长安与河西走廊、帕米尔高原一直到地中海沿岸七千多公里，是我国古代商业发展和文化交流延伸出来的一条至关重要的纽带，不但是亚欧大陆的交通动脉，后来甚至发展成为中国、印度、希腊三种主要文化的交汇桥梁。这条道路的开辟过程，可谓百转千回、历尽艰辛。

汉武帝时期，匈奴人经常骚扰西汉王朝，威胁着整个北部地区。那时，汉武帝为匈奴之患苦恼，偶尔听到投降汉朝的匈奴人说，在敦煌和祁连山中有个大国，叫月氏（ròu zhī），因为曾被匈奴人打败，时刻都想报仇雪恨，可苦于没有人能帮助他们。

汉武帝萌生了帮助月氏人一起联合攻打匈奴的想法。但是如何与月氏国取得联系是当务之急。于是汉武帝就下诏书，征募机智能干的人去月氏联系，但当时没有人知道月氏国到底在什么地方。得知汉武帝的想法后，朝堂上的诸侯王与文武大臣们面面相觑，没人敢接下这个艰巨的任务。

张骞当时是汉武帝的侍从官，他整天在皇帝身边侍候，处事机灵、性格

坚毅。他经过再三考虑，勇敢地应征，决定冒着生命危险来完成这一重大的使命。

汉武帝于是委派他率团去月氏国。临行前，张骞征募了一百多名年轻的勇士，陪同他前往，其中还有一个归降汉朝的匈奴人堂邑父（福），为队伍担任向导。

张骞的队伍一出陇西地界，就到了匈奴的地盘，匈奴是去月氏的必经之路。他们战战兢兢走了几天，带的水全部喝光了，不少人在荒山野岭中病倒了。张骞身先士卒，决定带领大家去找水源，谁知却不小心被匈奴军队包围，一百多人全成了匈奴人的俘虏。

张骞塑像

一行人被捉住后，匈奴单于没杀他们，而是让他们放牧。机灵的张骞就借放牧的机会，踏遍了匈奴的山川绿洲和荒原沙漠，了解了匈奴的历史、地理和风土人情。虽然在匈奴过着被奴役的生活，但他信念坚定，一直没有忘记汉武帝交给他的任务，不断寻找机会逃跑。十一年后的一天，他寻找机会和堂邑父商量好，在漆黑的夜里偷偷摸摸出来，骑上两匹快马日夜狂奔，走过了戈壁大漠，忍受了干渴和炎热的折磨，饿了就射野兽和飞禽充饥，终于逃出了匈奴人的掌控。他们一路前行，越过了白龙堆石海，从天山南麓，经过了龟兹和楼兰，吃尽苦头之后，本以为能够到达月氏，谁知道却误打误撞闯，来到了大宛国。

这个夹在匈奴和月氏中间的大宛国，物产丰富，盛产汉族人说的"汗血宝马"、苜蓿和葡萄。大宛国王早就听说在很远的东方有个富庶的中国，突然听说汉朝的使者到了，非常欢迎张骞和堂邑父。

张骞请求大宛国王派人送他们到月氏去，并许诺一旦回到中原，汉武帝定会感谢大王好意，送给他最好的礼物。大宛王欣然应允，就派了向导和翻译把张骞送到康居，又向康居王介绍了他们，在康居王的帮助下，张骞终于到达了梦寐以求的月氏国。

张骞向月氏王说明了他们的来意，谁知道月氏王却已经改变了想法。原来，自从月氏被匈奴人打败，老月氏王被杀，新月氏王带领全部人马征服了西边的大夏。这地方土地肥沃、物产丰富，月氏王看到人民安居乐业，报仇的决心已经逐渐转淡。况且他想到，月氏国与汉朝相距千里之遥，有崇山峻岭相隔，联合攻击匈奴确实有诸多不便，所以顾虑很多。张骞在月氏国滞留了一年多，向当地人学到了不少知识，但是始终没有完成联合月氏去攻打匈奴的使命，只得放弃了这个念头启程回国。

回国的路也是漫长的，张骞他们在翻越祁连山时，冤家路窄，竟然又被匈奴巡逻的骑兵抓住。他们再次成了匈奴人的俘虏，白天干苦力，晚上被囚禁，忍受着非人折磨。这样的处境持续了一年多后，单于病死，匈奴发生了内乱。张骞和堂邑父借机逃出了虎口，最终回到了阔别十三年的长安。

张骞把出使时在西域到过的大宛、月氏、大夏、康居及其他国家的一些情况，都向汉武帝作了汇报。汉武帝对张骞打通西域各国关系的功绩大加赞赏，晋封他为大中大夫，封堂邑父为奉使君。

张骞还提出，听说在大夏东南有个身毒（今印度）王国，风俗跟大夏差不多，就是天气太热。如果从蜀地出发，经过身毒去大夏，就能避开匈奴。

汉武帝很高兴，计划与这些农耕立国的国家来往，通过赠送礼物等方式联合起来，共同对付匈奴。于是他又委派张骞从蜀地出发去找身毒国。

后来，经过多年的努力，汉朝终于打败匈奴，打通了河西走廊，连接了汉朝和西域一带。汉武帝打算再次令张骞出使西域，联合被匈奴压制的乌孙等游牧民族。张骞建议汉武帝先送礼物给乌孙王，再跟乌孙和亲，用这样的方式破除匈奴的左膀右臂。

公元前119年，汉武帝派张骞第二

汉武帝像

次出使西域。张骞挑选了300名勇士，为每人配备了两匹马，带着黄金、布帛、绸缎和上万只牛羊等价值千万的礼物前往乌孙国。

在乌孙国，张骞向乌孙国王献上厚礼，劝他和汉朝联合起来抵抗匈奴。乌孙国王却因为顾虑与汉朝相去太远，而匈奴距离太近，心存疑虑迟迟不敢答应。一年后，乌孙王派出了使者数十人，带着良马，随张骞到汉朝答谢，并顺便了解汉朝的情况。

张骞此次完成了出使西域的使命，汉武帝提升他做了大行，相当于今天国家的外交部长。张骞的努力，提高了汉朝的知名度，扩大了影响，并且开辟了与西域的交通。从汉朝起，中国的汉人地区与西域的联系不断加强，双方开始互通有无。当地人为汉族地区带来了当地的果树和蔬菜种子，葡萄、苜蓿、石榴、胡桃、黄瓜、蚕豆、胡葱等农作物都是从西域引进的，西域的香料、宝石、玛瑙以及乐器、音乐、舞蹈也传到内地。而作为回报，汉朝的炼钢、炼铁技术和先进的凿井技术、蚕丝锦绸、丝织品等也传向了西域各国。丝绸经西域各国运输到欧洲，得到了西方人的青睐。因此，这条为军事结盟而开辟的道路逐渐发展出贸易功能，并得名"丝绸之路"。"丝绸之路"沟通了汉朝与西域的商贸往来和文化交流，繁荣了经济和文化，影响深远。

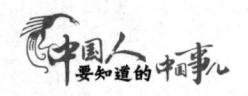

昭君出塞以"和亲"寻求和平

在中国历史上,边疆少数民族的战乱一直是汉朝统治者的心腹大患。在争端难以解决的时候,一种通过联姻寻求和平相处的方式——"和亲"往往成为统治者不得已的选择。在"和亲"制度下,曾经有无数名女子跋山涉水、远嫁边疆,牺牲自己的青春换来国家和平的局面。一位中国古代的美人因"和亲"远嫁而名留青史,得到后人的敬仰,这位美人就是我国古代号称"四大美女"之一的王昭君。

王昭君,名叫王嫱,南郡秭归人。她原本是普通人家的女儿,十几岁的时候进入汉朝宫中做宫女。

她所生活的汉王朝,与北方的匈奴战乱纠葛不断。西汉初年,匈奴族凭借着三四十万骑兵,不断骚扰边疆的汉人,当时西汉王朝国内的统治还不很牢固,无论人力还是物力,都没有条件与匈奴进行大规模的战争。匈奴族势力逐渐强大,严重威胁着国力衰退、经济落后的西汉王朝北部。

公元前199年,汉朝开国皇帝高祖刘邦采纳了刘敬提出的与匈奴"和亲"的建议。所谓"和亲",即汉王朝将皇帝宗室之女嫁给匈奴的统治者单于,向匈奴送粮食、酒、肉及其他物品,汉朝皇帝与匈奴单于结为异姓兄弟。

"和亲"政策实施以后,匈奴人极少侵犯西汉边境,两族人民开始了友好交往。西汉初期的这种纳贡性质的"和亲"政策,带有很强的政治性。西汉皇帝碍于当时的形势,实属迫不得已。但"和亲"政策却在一定程度上对社会安定起到了重要作用,带来了较长时期的和平局面。

汉朝和匈奴的势力在此消彼长中,双方的关系不断发生着转变,"和

清代画家倪田所绘《昭君出塞图》

亲"政策也时断时续。西汉初年，政府注重发展农业，社会经济逐渐恢复和发展。凭借着日渐强盛的国力，汉朝统治者逐渐改变了对匈奴的政策。到了汉武帝时代，汉王朝开始了对匈奴的大规模反击战。经过汉朝军队的不断打击，匈奴的军事势力逐渐衰落，无力向汉朝发动战争，其间"和亲"政策中断了八十余年。随着战事平息，汉王朝逐渐恢复了主动的局面。随着和平局面的持续，双方不断妥协，又重新恢复了两族间的"和亲"。

汉宣帝在位时，匈奴的呼韩邪单于审时度势，表示要归依汉朝，他曾先后两次到长安觐见汉元帝。在公元前33年，呼韩邪第三次到长安朝见时，提出愿意当汉家女婿，促进两族交好。刚刚继位的汉元帝听罢心中大喜，当下便点头答应了。

汉元帝虽然答应了呼韩邪单于的要求，但是却没有想到送往匈奴的最佳人选。他百般思量，最终决定在宫中"招聘"一位宫女，派往匈奴完成"和亲"的任务。大臣们奉命到后宫问话："谁愿意嫁给匈奴单于，就把谁封为公主。"

如同在平静的湖面投入了一颗石子，消息很快在后宫引起了轩然大波。当时，数百名从民间选入宫的宫女们生活在后宫里，她们如同笼中的鸟儿，吃喝穿戴等物质条件优越，可是唯独缺少自由。宫女们入宫后，人生经历大同小异，从进宫时青春貌美的少女，经过几十年的煎熬，变成白发苍苍的老太婆，却永远也走不出宫门。她们在内心期盼着，能出宫嫁给哪怕一个平头百姓，每天粗茶淡饭，却也能自由地过上正常女人的生活。可是如果"和亲"的话，就要远离父母姊妹，告别家乡故土，远嫁到千里之外遥远的匈奴，和当时人们观念中认为的那好战、粗鲁的匈奴人一起生活，所以大多数宫女并不愿意前往"和亲"，似乎一时间很难找到合适的人选。

可还是有一位有头脑、识大体的名叫王嫱的宫女接受了这个任务。

出身平民的王嫱，字昭君，她尽管年纪不大，却机智勇敢，很有见识。得知汉王朝征人和亲的消息后，她辗转难眠，遥望闪亮星空，这个善良的姑娘思绪飘到了很远的地方。

在她小时候，就听大人说起过"和亲"的典故，知道历史上有些公主们为了避免战祸，让人民能安居乐业，奉献自己的青春远嫁匈奴单于。她

南宋女画家宫素然所绘《明妃出塞图》(局部)描绘了王昭君远嫁匈奴行出塞外时的情形

想,自己作为一介平民女子,终生不能杀敌报国,与其关在宫中一辈子虚度年华,还不如嫁给匈奴单于,为黎民苍生贡献力量,也不算白活一世。在深思熟虑之后,王昭君终于下定了决心,嫁给匈奴单于。

当汉元帝正在发愁没有人选的时候,忽然听到报告有宫女自愿远嫁匈奴单于的消息,立即传旨召见了王昭君。王昭君到了大殿上,汉元帝抬头一看,眼前一亮。他想,此人确实是一位仪表不凡、落落大方的妙龄女子,如果是以公主身份嫁给匈奴单于,一定能让单于满意。汉元帝问王昭君为何自愿远嫁,昭君神情自若地回答:"只要今后两国和好,不再打仗,不再死人,让老百姓过上太平日子,自愿远嫁,绝不后悔。"她说完后,元帝被她的风采和见识所折服,让手下大臣准备嫁妆,选择良辰吉日,让王昭君与呼韩邪单于成亲。

结婚那天,呼韩邪单于千里迢迢由匈奴赶到京城,一见王昭君年轻貌美,且得知她诗琴书画无所不通,非常欢喜,见到那丰厚的嫁妆,更加高兴。原来,汉元帝为保边境和平、百姓安定,光丝帛就准备了1.6万斤,其他物品更是价值不菲。汉元帝还在宫中举行了盛大宴会,为呼韩邪夫妇饯行。

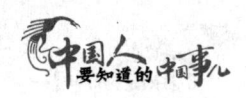

婚后，王昭君远离家乡故土，来到塞外，在匈奴人中间生活。初到匈奴时，她常常为思乡之情所折磨，怀念家乡的父母姊妹。但是她很快便意识到自己远嫁的目的是为了两族和平，渐渐尝试着熟悉匈奴人的生活习惯，和他们友好相处。她把汉族的服饰、饮食等风俗习惯及纺织等科学技术带到了匈奴人中间，在相处中逐渐和匈奴人培养了深厚的感情，后来还为呼韩邪单于生了两个漂亮的女儿和一个儿子。

王昭君的和亲，结束了汉匈之间的战争状态，为双方人民争取了六十余年和睦相处的时光。王昭君作为一个柔弱的女子，以青春年华换取民族团结、国家安定的努力和牺牲，成为后世传扬的佳话。

不远万里求真经——朱士行西行求法

西晋初年，我国有一位叫朱士行的僧人，从国内出发，不远万里向西经过西域各国到达于阗（tián）（今新疆境内），求取佛教真经——梵文本的佛经，最后历尽千辛万苦最终如愿。

朱士行为了求得梵文本的《大品般若经》，不畏艰难，毅然踏上征程，他是中国西行求法的第一人，对我国佛教的发展可谓功勋卓著。朱士行西行求取真经的成功，也奠定了他在中国文化史上的地位。

朱士行对中国佛教的发展有着独特的奉献，那么，他是如何下定决心西行取经的呢？这还得追溯（sù）故事的源起。

朱士行是河南颍川人，生卒年代不详。据传，他从小就胸怀远大的志向，处事果断，为人正直，性格刚烈，超凡脱俗，从不随波逐流。出家做了和尚以后，朱士行一心弘扬佛法，专心研读自己所能接触到的所有佛经。

但是随着研究的深入，朱士行逐渐发现了一些佛经翻译中的问题。由于

明代画家戴进所绘《达摩六代祖师像》（局部）

当时的译经事业不发达,译者水平有限,在翻译时遇到不能理解的片段,就故意跳过、遗漏,或者语焉不详、不求甚解。这样翻译出来的佛经内容不连贯、不全面,甚至前后矛盾。很多佛经中的经典作品都失去了原有的含义和韵味,僧徒读经、讲经时经常为此苦恼,但又很难解决。

有一次,朱士行在洛阳为众僧尼讲解佛教经典时,对经书中的内容自相矛盾而困惑、惊讶,看到该书作为大乘佛教的经典却被翻译得词不达意、严重影响了佛教教义的传播,他痛心不已。时间长了,朱士行心中萌发出一种使命感,他暗暗发誓,一定要亲自前往西域,不惜付出一切代价,找到梵文原本的《大品般若经》,即使把自己的性命搭上也在所不惜。

于是,经过筹划准备,朱士行在公元260年从长安出发前往西域。他一路向西过阳关,横穿了崇山峻岭、绵延无际的大沙漠,克服了重重困难,多次死里逃生,历尽艰辛,行程一万余里,最终到达当时盛行大乘佛教的西域国家——于阗。

在于阗,朱士行苦苦寻找,终于取到了梦寐以求的梵文本《大品般若经》(共60余万字,90章),他非常欢喜,很想尽早启程回国,但是当地小乘佛教的教徒们却极力阻止他取回真经。不能带回经书,朱士行的回国之期一再拖延,在于阗一住就是一二十年。

终于,在朱士行从长安出发二十二年之后的公元282年,梵文本《大品般若经》由朱士行的弟子弗如檀(汉文名叫法饶)等人送回洛阳。令人遗憾的是,朱士行因故没有一同回到长安,他八十岁时在于阗圆寂。

朱士行为了弘扬佛法,求取般若真经,远行千里,甚至客死异国,实现了他"为法捐躯"的夙愿。他心系佛法、虔诚献身的精神,对后世佛教僧尼影响巨大,至今僧尼们仍然缅怀他。

《大品般若经》的故事还没有完结,这部凝结着有道高僧朱士行心血的梵文本《大品般若经》在公元291年,被懂梵文和汉文的无罗叉和竺叔兰在河南陈留仓垣城(今河南开封境内)内的水南寺合作翻译为汉文。十二年后,在公元303年,由竺法寂和竺叔兰共同校订编印成书,开始在我国流传。

《大品般若经》历经数十载,凝聚了朱士行和众多僧徒的心血,终于

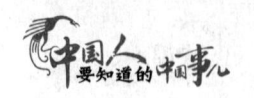

与广大教徒见面。这本书一出版,就在佛教界引起了轰动。僧尼们的热烈欢迎,引出了一段段佛教界的佳话。当时,晋朝中山王管辖区内的支姓僧人,意外得到《大品般若经》译完的消息,立刻派人去仓垣城水南寺,用丝绢抄写下《大品般若经》全部90章的内容带回。经书送到时,中山王率领着文武大臣和众多僧徒出城迎接,队伍绵延40里,旌旗招展、人头攒动、热闹非凡,可见是求经若渴!《大品般若经》的影响如此巨大,"放光般若"一时成为我国佛教界备受瞩目的显学。

朱士行是我国西行求取《大品般若经》的第一人,回顾僧侣西行求法的历史,他可谓是开创风气的先锋。由于自然条件所限,当时通往西域的道路艰险,朱士行在无人引导的情况下凭着一腔热血完成了使命,这种精神与后来的法显、玄奘是一脉相承的,他的行为难能可贵,得到了后世僧俗学者的高度评价和推崇。我国现代佛教史著名专家汤用彤先生认为,虽然在生平事迹和学问方面存在差距,但是,朱士行的志向、人品与玄奘难分伯仲。著名学者吕澂先生对朱士行作出了较为全面的评价。他认为,尽管朱士行求得的经典只有《大品般若经》,但却经书被翻译完成后,迅速在全国流行开来,风靡一时,被悉心讲经的人奉为珍宝,为广大的佛教徒带来了福音。影响和震撼了整个佛教界。这部

朱士行历尽艰险求得《大品般若经》,在我国开启了义学的先河,他将西域佛教传入我国,也促进了东西政治、文化的交流。紧随朱士行的步伐,后世有大批僧人西行求法,将大量梵文佛经带入内地,深化和促进了中国佛教的发展。朱士行西行求取真经的行为及其首创之功,也理所当然地成为了中华佛教和文化发展史上的大事,一直被后人传颂。

裴矩写《西域图记》介绍西域地理

在我国的隋唐时期，政府不断加强和周边各少数民族国家的联系。当时，在河西走廊地区的九个小国家都与中原的隋唐王朝来往密切。这几个国家的所在地古称西域，是我国隋唐王朝和中亚联系的主要通道。因为占据着非常重要的地理位置，这个地区一直备受朝廷和百姓中有识之士的关注，甚至有不少学者在专门研究西域的地理、物产和风土人情，并写了不少相关的著作。在众多著作中，隋朝裴矩的《西域图记》是较早记述西域地理的作品，引起了世人的广泛关注。

裴矩，字弘火，山西省闻喜县人，出身于一个官僚士大夫家庭。裴矩很小就成了孤儿，他刚刚生下来时间不长，父亲裴讷之就因病去世了，他的叔伯父收养了他。裴矩自幼聪慧过人，勤奋好学，非常爱好文辞，并能细心观察国家大事。当时，北齐北平王高贞很器重他，任用他为司州兵曹从事，后来裴矩又转行成为高贞的幕僚。

杨坚在北周定州任总管时，任命裴矩为记室一职，对他很敬重。后裴矩因故离任，杨坚做了宰相又派人召裴矩为相府的记室。后来，杨坚篡夺了北周的政权做了皇帝，升裴矩为拾事郎和舍人职事。在消灭南陈的战争中，裴矩担任韩擒虎、贺若弼元帅府的记室之职，又于隋军攻克江苏省丹阳后，奉杨素的命令和高颖一同收拾陈朝舆图书籍。

公元590年，皇帝命裴矩任宣抚使，到岭南去安抚百姓。当走到吴越地区时，正遇到高智慧、汪文进起兵造反，道路不通。裴矩不怕艰险，边走边召集人马，在江西境内集中散兵游勇数千人，安抚了岭南二十余州，并按照皇帝的旨意任命了当地的各州县刺史、县令，平定了岭南。事后，裴矩因功升为开府仪同三司、闻喜县公和民部侍郎，后又升为内史省侍郎，得到了重用。

当时，突厥势力十分强盛，他们派出了五路人马攻打隋朝。隋文帝委任史万岁为定襄道行军总管，裴矩任行军长史，出兵迎战。隋军在塞外与西突厥达头可汗的人马相遇，勇猛应战，大胜达头可汗的兵马，使突厥部队发生了内乱。东突厥的启民可汗归附了隋朝，隋文帝命裴矩前去宣慰，裴矩由于此次所立下的大功，被升为尚书左丞。

隋文帝驾崩后，隋炀（yáng）帝继承了皇位。他好大喜功，大兴土木，外征四夷。裴矩负责东都洛阳的府省修建工程，竣工后又掌管西番与隋朝互市之事，并撰写《西域图记》上奏隋炀帝，以帮助隋炀帝进一步了解西域各国的情况，制订相应的政策。裴矩到甘肃张掖（yè）与西番十余国结成联盟，各国都和隋朝保持朝贡关系。公元607年，隋炀帝到中岳嵩山去祭拜，裴矩联络了西域各国都来助祭。去河右视察前，裴矩先遣到敦煌安排有关事宜，并利用厚利劝诱高昌王麴（qū）伯雅和伊吾王吐屯设等向隋王朝遣使朝贡。隋炀帝向西巡视到达燕友山时，高昌王、伊吾王和西番27位国王都来迎接，他们佩戴着金玉，准备了精美的食物，焚香奏乐，歌舞喧闹。裴矩又命令武威和张掖的老百姓都穿上礼服去观看，骑乘绵延数十里，以夸耀中原的强盛。隋朝的兵马破了吐谷浑以后，驻兵屯粮，开拓疆土千余里，西域各国都被慑服。在隋朝的武力震慑和财富吸引的作用下，西域诸国相继向隋朝朝贡。隋炀帝认为裴矩运筹有方，提升他为银青光禄大夫。

隋炀帝像

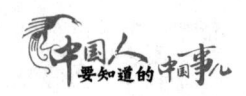

在隋炀帝巡视洛阳时，各国都派出使者到洛阳去朝贡，在裴矩的建议下，从全国各地征集来的异艺奇技人才齐聚洛阳的端门街，锦衣金珥，共有十余万人；裴矩还命令城内街道两旁的所有商铺全部设帏帐，摆上丰盛的酒席，外国人和当地老百姓进行贸易时，所到之处都要邀请他们饮酒会餐，直至吃饱喝足才散。因为官民的盛情款待，给外国人留下了很好的印象，外番都赞叹中国确实富强。隋炀帝好大喜功的虚荣心得到了极大的满足，裴矩因此也受到了奖赏。

有一次，裴矩跟随炀帝巡幸突厥启民可汗部落，当时正值高丽国的使者也在启民可汗帐中，于是裴矩为隋炀帝陈述了高丽的历史。隋炀帝召见了那位使臣，并要求高丽国向隋朝进贡，这一要求被高丽国当时的国王高元所拒绝。于是，裴矩便提出了出征辽东的计策和方案，并要求隋炀帝让他带领武贲郎将兼掌兵部侍郎之职。隋炀帝应允后，裴矩率军队连续两次出征辽东，皆得胜，由此立下大功，被晋升为光禄大夫。

到了隋朝末年，朝纲不整，大臣们人人变节苟安，左翊卫大将军宇文述、内史侍郎虞世基掌权，纲纪不严、贪污腐化、贿赂公行。只有裴矩廉洁勤政，没有劣迹，受到百姓的赞誉。

裴矩在跟随炀帝赴扬州时，因为向皇帝进言，陈述了天下多处起兵叛隋的事实，触怒了隋炀帝，辞官在家称疾赋闲。后来宇文化及造反，杀死了隋炀帝，裴矩便归顺了宇文化及。宇文化及任命他为尚书右仆射加光禄大夫，封蔡国公，为河北的安抚大使。河北起义军消灭宇文化及后，窦建德又重用裴矩，委托他帮助自己制定朝仪。窦建德在虎牢关兵败后，裴矩被李世民擒获，他与李公淹、曹旦、齐善行等人跟随魏征归降了唐朝。李世民任命裴矩任左庶子，后又任民部尚书等职。

裴矩撰写《西域图记》与他管理国家和西番事务多年是分不开的。在张掖，他就曾负责西域各国与隋朝的商贸，每次西域商人前来进行贸易活动，裴矩都对他们加以利诱，让他们详述各地的风土人情和山川形势。后来，裴矩在这些知识的基础上进行整理，写成了3卷《西域图记》。写成后，裴矩将书献给当时的皇帝隋炀帝。隋炀帝非常高兴，每天召见裴矩，询问西方之事，并把交通西域、经略四夷之事全权委托给他。

虽然裴矩撰写《西域图记》的意图和目的是为隋炀帝开疆拓土提供依

据，但由于这本书的出现，大大开阔了国人的眼界，超越了我国历史上隋朝以前各朝代对西域的肤浅认识，进一步拓宽了当时中原地区人民的地理知识。由于裴矩的影响，之后的唐代有更多的人去研究西域的风土人情，如许敬宗、贾耽、玄奘等。尽管后人的功绩都超过了裴矩，但是裴矩和《西域图记》在中国历史上对西域知识普及起到的重要基础作用是不能忽视和抹杀的。

唐代《侍马图》表现了隋唐时期西域骏马与侍马人的形象

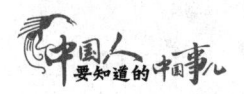

松赞干布迎娶文成公主入藏

壮丽的布达拉宫以浓浓的藏式风情,成为今天去西藏旅游的人们不可错过的景观。我们顺着历史的脉络追溯回去,它的修建源于松赞干布和文成公主的一段姻缘佳话。

文成公主生活在唐朝初年太宗李世民统治时期,名叫李雪雁,是位知书达理、伶俐活泼、端庄美丽的大家闺秀。她的父亲李道宗是江夏郡王,任礼部尚书。李雪雁自幼研读过四书五经、佛典医药等很多书籍,聪颖过人,很有才华。她一心想摆脱母亲的礼教管束,追求志向高远的未来。

李雪雁处在安定团结的"贞观之治"之时的长安。当时,唐朝西部的吐蕃(bō)国渐渐强盛起来。公元634年,松赞干布继位为吐蕃赞普(赞普:国王)。他励精图治,很快统一了吐蕃。当唐朝称霸中原时,松赞干布称雄雪域高原,建立了统一的吐蕃王朝,并主动谋求与唐朝建立密切关系。

后来,松赞干布派出大相禄东赞(藏文史书名"伦噶尔")访问大唐。禄东赞从拉萨出发,越过了数千里的大草原,经过长途跋涉,最后到达唐朝首都长安,他献给唐太宗大量黄金珠宝,代替松赞干布求婚。

据说当时有五个国家的使臣到长安求婚,都带着非常贵重的礼物,想要娶唐朝的公主。究竟把公主嫁给哪个国家的国王呢?唐太宗很难抉择。后来,他想了个办法,出几道难题,考一考这些使臣,看谁最聪明能干,再来做决定。

研究好了方案后,唐太宗李世民就把各位使臣请到皇宫里,拿出一束丝线和一颗九曲明珠,对使臣们说:"你们当中有谁能把丝线穿过明珠中

间的孔，就将公主嫁给哪国的国王。"唐太宗选取的这颗明珠有两个相通的珠孔，一个在正中间、一个在旁边，中间的孔道曲曲弯弯，所以取名叫九曲明珠，要想用软软的一根丝线穿过去，确实很困难。有几位使臣拿着丝线十分发愁。禄东赞则很快就想出了办法，他捉住了一只蚂蚁，将一条马尾鬃（zōng）拴在蚂蚁的腰上，把蚂蚁放进九曲明珠的孔内，并不断向孔里吹气。过了不大一会儿，这只蚂蚁便拖着马尾鬃从另一端的孔里钻了出来。禄东赞再把丝线同马尾鬃接在一起，轻轻一拉，丝线就穿过了九曲明珠。唐太宗见禄东赞这样聪明，很是高兴。

后来，禄东赞凭着自己的聪明才智，连续五次考试都赢得了胜利。唐太宗对他赞许有加，心里想：松赞干布的臣子这样聪明、机智，松赞干布自己更不用说了。于是，决定将文成公主嫁给吐蕃赞普。

这就是广为流传的"五难婚使"的故事。尽管这个故事不一定是历史事实，但是吐蕃使臣因为其聪明才智而获得唐太宗的信服确是真事，从中也可以看出藏族人民的聪明才智。

唐太宗为文成公主准备了丰富的嫁妆，其中有各种各样的日用器具、绫罗、珠宝、衣服，还有历史、文学书籍以及谷物种子等。公元641年唐太宗

派礼部尚书、江夏王李道宗护送文成公主入藏。

文成公主出嫁入藏的消息传到吐蕃以后,引起了吐蕃人民极大的兴趣。他们对迎接文成公主做了详细的安排,为了减少公主在旅途中的劳累,在沿途各地方准备了船只、牦牛、马匹、食物和饮水,以表示对公主的热烈欢迎。吐蕃王松赞干布亲自率领大队侍从和护卫人员,从拉萨起程到青海迎接。

经过一个多月的长途跋涉后,文成公主到达青海南部的河源,与前来迎接的松赞干布会合。当时,松赞干布以唐皇帝女婿的身份拜见了前来送行的江夏王李道宗,并陪文成公主到了拉萨。

送亲和迎亲的队伍前呼后拥、威风八面地进入了拉萨城,吐蕃人民都穿上了节日的盛装,热烈欢迎远道而来的赞蒙(王后)。松赞干布非常高兴,他事先已做好充分准备,来慰藉公主的思乡之情。他说:"我的先辈未曾与上国通婚,今天我娶了大唐公主,实在荣幸。我要建一座城为公主作纪念,让子孙后代都知道。"

松赞干布言而有信,他按照唐朝建筑的风格,专门在拉萨建筑了一座华丽的王宫献给文成公主。在这座王宫里,由李道宗主持,松赞干布与文成公主按照汉族的礼节,举行了盛大的婚礼。婚礼非常热闹,场面空前。

唐代画家阎立本所绘的《步辇图》描绘了唐太宗李世民接见来迎娶文成公主的吐蕃使者禄东赞的情景

这座宫殿就是布达拉宫,现在布达拉宫仍然保存着文成公主和松赞干布结婚时洞房的遗迹。

文成公主进藏是吐蕃历史上的重大事件,也留下了很多美丽的传说。这不仅因为唐太宗把善良美丽、多才多艺的公主嫁给吐蕃王,是一件光荣、值得纪念的大事;更重要的是,公主进藏促进了汉、藏经济文化的交流,给吐蕃人民带来了切身利益。

文成公主嫁到西藏以后,对吐蕃经济文化的发展做出了重大的贡献。她为吐蕃不仅带去各种谷物、蔬菜种子,而且带去了工艺品、茶叶、药材及各种书籍。在文成公主进藏前,吐蕃的农业只是粗略经营,吐蕃人用石头围住一大块地,在里面耕种,但不会整地,也不知道水土保持。文成公主所带来的先进生产技术使得西藏出现了用于耕种的小块农田,同时,也教当地人学会了一些方法去防止水土流失和平整土地。

文成公主和她的侍女帮助吐蕃妇女改进纺织技术,尤其是图案设计和染色技术,使吐蕃的氆氇(pǔ lu,是藏族人民手工生产的一种毛织品,可以做衣服、床毯等,举行仪礼时也作为礼物赠人。)成为有特色的纺织品。吐蕃人的手工业技术,如造纸、酿酒、造墨、缫丝等,很多都是由唐朝的汉族工匠教给当地人的。

以前吐蕃人都住帐篷,文成公主进藏后,上层人物都模仿汉族人,建造了房屋居住。在衣着方面,吐蕃人穿的是毡裘(zhān qiú),又笨又重。和亲以后,一部分人开始穿绫罗绸缎。当地人还学着用大唐的石磨加工谷物,这样既省工又减少了损耗,进一步改善了人民的生活。

吐蕃以前没有文字,记事或者用绳子打结,或者在木头上刻符号表示。文成公主劝松赞干布设法造字,于是松赞干布指令桑扎布去研究文字,后来造出了30个字母和用拼音造句的文法。松赞干布认真学习新文字,并把这些字刻在宫殿的石崖上,从此吐蕃有了自己的文字。当地人用吐蕃文翻译唐朝的儒经和佛经,促进了吐蕃文化的发展。

吐蕃以前的历法是以麦熟时的三月为一年之始,文成公主把唐朝的天文历法带到拉萨后,吐蕃人开始用唐朝的农历,依据六十甲子和十二属相计算时日,促进了农业的发展。

文成公主入吐蕃后,唐朝和吐蕃的关系越来越密切。唐高宗时期,朝廷

布达拉宫

封松赞干布为西海郡王。唐中宗时，金城公主又嫁给吐蕃赞普尺带珠丹，唐蕃关系更加密切。尺带珠丹上书给唐朝皇帝说：吐蕃同唐朝已经"合为一家"了。公元821年，吐蕃同唐朝会盟，盟约里说，唐蕃之间要"患难相恤，暴掠不作"，他们之间建立的会盟碑，现在还完好地树立在大昭寺门前。这段历史是汉、藏两族团结友谊的最好见证。

文成公主在吐蕃生活了40年，于公元680年去世。吐蕃人民特地规定了两个纪念日来纪念她——五月七日和十月十五日，据说五月七日，孩子们纷纷聚集起来，化妆跳舞、歌唱文成公主的事迹；十月十五则是文成公主的生日，这一天，吐蕃境内男女老少都要到寺庙里为她祈祷。

文成公主为了汉、藏两族人民的友谊做出了巨大的贡献，直到现在，一直受到汉、藏两族人民的缅怀。

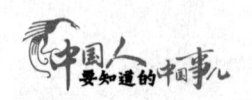

《西游记》中唐三藏的原型——玄奘和他的取经之路

四大名著《西游记》中的唐三藏，在神通广大的三位徒弟的护送下，除魔灭妖历经九九八十一难，最终取得真经。历史上唐三藏的原型玄奘西行取经的过程，同样也充满了波折和困难。

玄奘是我国唐代著名的佛教哲学理论家和佛经翻译家，他历经千难万险前去天竺国（现在的印度），前后共用了十多年的时间才取回真经。玄奘回国后又致力于佛教教义的研究和佛经翻译工作，为中国乃至世界佛教的发展做出了巨大的贡献。

玄奘（602年—664年），俗姓陈，今河南偃师市人。他从小聪明颖悟，十三岁在洛阳净土寺出家为僧，取法号玄奘。玄奘勤奋好学，出家后开始系统地学习佛法，经常到各地听名僧讲经。唐灭隋后，四川比较安定，聚集着国内不少有名高僧。十七岁的玄奘为了躲避战乱，来到了四川成都的定慧寺。在那里，他虚心请教，向道基、宝暹法师学习《摄大乘论》和《毗昙（pí tán）》等。二十一岁时，玄奘在成都受持227条戒律和诸礼仪。他在成都生活了五年后，学问有了很大长进，又到长安跟许多高僧学习《俱舍》、《摄论》等经论。后来，他遍访国内的名师，掌握了许多佛教典籍。玄奘一直珍惜寸阴，求学勤苦，逐渐成为名噪大江南北的法师。

随着学识的进一步长进，玄奘逐渐发现当时中国佛经体系繁杂，译法紊乱，难以凭信，存在很多问题。天竺高僧波颇密多罗来到中国，说天竺国那烂陀寺有位戒贤法师，对佛教各派的学说都很有研究，能讲解佛学最高经典《瑜伽师地论》。玄奘深刻地认识到，要想彻底解决自己的疑问，就必须到佛教的发源地印度去求取佛法和真经。

于是，在公元626年，二十八岁的玄奘联络了几个同伴，奏请唐太宗，请求去天竺国取经。由于某种原因，唐太宗没有应允他们的请求。公元627年秋天，玄奘趁长安附近遭遇冰雹灾害、粮食大量歉收，皇帝下令百姓可四出随丰就食的机会，同前往西域进行贸易的客商们一起偷偷地出了长安城，开始了他西去的万里征程。

玄奘由凉州经瓜州（今安西）（今甘肃武成）奔向玉门关。由于旅途艰辛，他骑的马在快到玉门关（唐朝边境的最后一道关卡）的时候累死了，跟随他的两个小和尚也跑了，官差又追了上来。正当玄奘躲在客店里不知如何应付的时候，瓜州州官李昌拿着追捕文书走了进来，询问他的名字和到天竺取经的真实意图。玄奘如实陈述后，李昌被他的精神所感动，撕碎了追捕文书，将他放出了玉门关。

当时，玉门关外与新疆之间有片很大的沙漠，叫做莫贺延碛（qì）。在漫无边际的沙漠上，天上不见飞鸟，地下不见走兽，白天热得像火烤一样，晚上却寒风似刀，冻得人直打颤。玄奘孤身独影，饥渴劳顿，走在到处是锈迹斑斑的断剑折枪和人马遗骨的路上，多次经历险境，死里逃生。经过半个多月的艰苦行程，他终于走出了沙漠，到达高昌国（今新疆境内）。随后，他又翻越崇山峻岭，整整走了一年，行程五万余里，沿途拜访了西域16个国家的国王和有道高僧，最后终于到达了此行的目的地——天竺国。到了天竺国后，玄奘遍访佛寺，参拜佛像，几次横渡恒河，找到了那棵5丈多高的菩提树；他还考查了释迦牟尼说法的旧址——西天录山。经过这些实地学

玄奘画像

习，玄奘对佛经理解得更加深刻了。

到了公元633年，玄奘来到天竺国的摩揭陀国那烂陀寺（今印度巴腊贡）。那烂陀寺是天竺佛教的最高学府，已建寺七百多年。寺中不但居住着精通各种学术经论的名僧长者，还收藏着大量的佛教经典及天文、医药、地理等各方面的图书，有僧徒一万多人。

玄奘到寺院那天，一千多名和尚捧着香和花，迎接来自中国的客人。寺院的正法藏（院长）戒贤法师，时年已过百岁，多年不讲经了，但他听说玄奘是从东土不远万里、历尽磨难来求法时，很受感动，破例收玄奘为弟子，重开讲坛，还用十五个月的时间，为玄奘讲授佛学中最难懂的佛经。玄奘虚心求教，刻苦钻研，认真学习古代印度的语言，长进很快。五年过后，玄奘博辩之名已传遍了印度；最后两年，他代表戒贤法师为印度众僧讲授《摄大乘论》和《唯识抉择论》，众僧很是佩服。在那烂陀寺，能通晓二十部经论的有一千多人，通晓三十部的有五百多人，通晓五十部的只有十人，这十人都是佛教中的佼佼者，玄奘就是这十人之一。

玄奘在学习佛经的同时，文化等各方面的情况，增进了强了两国人民之间的友谊。公王都曲女城，受到戒日王的欢还向天竺人民介绍唐朝的经济、印度人民对大唐的了解，也增元642年，玄奘来到印度的戒日迎。戒日王把玄奘的两部佛学著作公布于众，征求答辩。辩论会进行了十八天，没有一个人能提出反对意见。会后，戒日王诚恳地挽留玄奘，并召开了印度五年一次延续七十五天的无遮大会，当时与会僧俗五十余万人，这也是印度历史上的一次空前盛会，从此，玄奘名震天竺。

玄奘以优异的成绩、精湛的学业，在佛教圣地攀上了佛学的顶峰，被尊为"三藏法师"。三藏是对佛教经、律、论三种经藏的总称。三藏法师，意为精通佛学全部经典的大师。当时，在那烂陀寺，这一称号和地位仅次于戒贤法师，故玄奘又被称为"唐三藏"。

玄奘在天竺国的十五年中，时刻都在想念祖国。公元643年，他谢绝了戒日王和高僧们对他的挽留，辞别了那烂陀寺师友及戒日王，用大象和马匹驮着675部佛经和其他物品，起程回国。

玄奘又一次经过了长途跋涉，终于在贞观十九年（公元645年）的正月

弥勒说法图
（壁画）

七日，平安回到长安。玄奘西游，共历时十七年，历经一百二十多个国家，行程五万余里。出发时他年仅二十八岁，归来时已经四十四岁。

唐太宗知道了他的全部情况后，委派宰相房玄龄到长安城外迎接。这一天，长安百姓也倾城而出、人山人海，道路两旁摆着香案和鲜花，锣鼓音乐此起彼伏，长安数万僧尼排着队，把玄奘迎进城内，来到弘福寺。后来，唐太宗在洛阳行宫召见了玄奘，他动员玄奘还俗，帮他治国，被玄奘大师谢绝了。

过后，玄奘大师开始了他辛苦的译经生涯，他每天晚上三更就寝，早晨五更起床，勤奋刻苦，还要抽出一定时间为弟子讲解新译的经文。为此，唐太宗命人在长安慈恩寺修造了一座大雁塔，作为储经之用，使他能够专心译经；并为他配备了专业文职人员，对译出的经文进行检查、整理和抄写。玄奘经过了二十余年的不懈努力，最终译出佛经七十部，一千三百三十五卷，合计一千三百多万字。

公元664年，玄奘法师自认为身体状况不好，死期已近，遂向寺僧、门人一一辞别，时年他仅六十三岁。唐高宗万分悲痛地说："朕失国宝矣！"并为之下令废朝五日，举国哀悼。

玄奘为中印文化的交流贡献出了毕生的精力，在他的努力下，中印两国建立了邦交正常化的关系。一千二百多年来，中印两国人民都视玄奘为中印友谊和文化交往的象征。

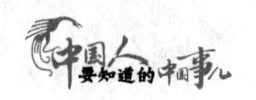

鉴真东渡日本宣传佛法

鉴真和尚是我国盛唐时期的一位佛教大师和杰出的佛学家,他历尽千难万险,先后利用十二年时间,东渡日本,弘扬华夏文化,宣传佛法,对日本佛教和文化发展做出了突出贡献,促进了中日两国的友谊,成为中日两国人民永远敬仰和怀念的特殊人物。

鉴真,生于公元688年,出身于江苏扬州江阴县一个信奉佛教的家庭,俗姓淳于,据说是春秋战国时期齐国名士淳于咒的后代。他父亲是当时佛教界知名禅师智满禅师的带发修行弟子。经过幼年的耳濡(rú)目染,鉴真逐渐爱上了佛法,经常跟着父亲到寺里去听高僧讲经。十四岁时,他在扬州大云寺出家为僧,法号鉴真。

扬州的大云寺,在当时是远近闻名的大寺院,寺院里有不少得道高僧,智满禅师就是其中的一位。出家以后,鉴真就跟随着师傅智满禅师,于公元705年受菩萨戒。公元708年,二十一岁的鉴真在长安实际寺受戒,正式取得僧籍,并随弘景禅师受持227条戒及诸礼仪。

取得僧籍后,他对佛学的学习研究更加勤奋,在智满禅师、大亮禅师等当时负有盛名的几位高僧的指点下,他遍读经籍、潜心研究佛学,二十六岁时便登坛讲解律疏。除了精通佛学,他还学习了许多佛教艺术、医学、建筑、绘画等方面的知识。鉴真在公元718年回到扬州。这时,他已经成为有名望的大师了。他经常在扬州专门从事受戒度人和兴建佛寺等活动,被人们尊称为"受戒大师",据说他先后收了弟子35人。

鉴真和尚除了具有较高的佛学知识外,还刻苦钻研佛教艺术、医学知识和建筑技术。当时在洛阳和长安有不少名刹大寺,例如:长安有大雁塔、小雁塔等,其中小雁塔在修筑时,由鉴真的受戒师道岸法师监造。鉴真抓住这一机会，虚心向道岸法师学习设计、施工、装饰等知识。塔建造完工时，鉴真法师已经全面掌握了这一建筑技术。这些学习对他以后主持营建寺庙起了很大作用。

在绘画和雕塑方面，长安和洛阳的佛寺内有很多塑像和名家壁画，鉴真不断学习，从中得到启发；洛阳龙门石窟也进一步增长了他的艺术知识。

公元742年，日本高僧荣睿（ruì）和普照受日本朝廷的委托，从长安到扬州大明寺，拜谒鉴真大师。鉴真那时已经五十五岁了，他学识渊博、教学认真、为人恳切真挚，使荣睿和普照非常佩服。他们恭敬顶礼，恳请鉴真东渡日本传戒。鉴真愉快地接受了约请，他环顾在场的僧侣弟子，询问谁愿前往日本弘扬佛法。但弟子们都认为自己的修行功德尚不完备，造诣不深，难当此重任。这时鉴真激动地表明，大家如果不去，他愿一人东渡！弟子们深受感动，有二十多名弟子，决心跟鉴真一起东渡日本。

经过了一年的充分准备之后，鉴真打算扬帆出海。谁知出发前，跟随他东渡的两个和尚道航和如海之间发生了冲突。如海到官府诬告道航要与海盗勾结。这件事引起了地方官的惊恐，地方官把船只全部没收，阻止他们出海。鉴真的首次出航就这样不幸失利了。

此后的三次东渡均未成功。公元748年，鉴真组织弟子们中的能工巧匠造船并备办物品，准备第五次东渡。鉴真一行于六月二十七日从广陵（今扬州）渡江并到了深海中。谁知他们的船在海中漂泊了140天后，竟辗转航行到了海南岛，他们在海南的大云寺住了一年。不幸的是，其间日本僧人荣睿因长期辛苦跋涉，感染了重病，苍然圆寂。这位多年一直与自己志同道合、患难与共的异国僧侣的逝世，令鉴真悲痛至极。

鉴真在海南岛的南海郡住了几个月后乘船北上，在公元750年，与日本

唐招提寺旧址

僧人普照辞别，去了余姚郡阿育王寺，由于历尽苦难，鉴真劳累过度，导致双目失明，这给了这位六十三岁的老人一个沉重的打击。鉴真和尚经过三年漂泊，于公元751年春天，又回到了扬州大云寺。

两年后的一天，日本的遣唐使藤原清河来到大云寺拜会鉴真法师，并迎请他继续东渡，到日本传律授法。这时鉴真法师虽已双目失明，但是他东渡弘法的信念仍不减当年，便欣然允诺。十月十九日，鉴真一行在苏州黄泗铺（今江苏河洲鹿）与日本高僧普照和日本遣唐使会合后扬帆出海，踏上了第六次东渡日本的航程。他们经过了两个月的艰苦航行，终于踏上了日本的国土。

随后，他们到达了日本京都奈良，受到了以日本天皇为首的朝野上下的盛大欢迎。这次随鉴真东渡到达日本的共24人，有思托、法进、潘仙童、义静、尼智首、法载、胡国人安如宝等，其中思托在以前5次东渡时都一直随行，并且陪伴在鉴真和尚左右。第一次东渡时，思托才二十岁，而此次完成东渡到日本时他已三十二岁。他们随船带去的佛经有《大方广佛华严经》等各种佛经、论、疏等84部，共300多卷，王羲之等名人的书法数十帖，还有大批佛像、舍利、绣绸、金塔模型及许多法器。

这年四月，第一个戒坛在奈良东大寺的大佛殿前筑起，鉴真法师依次给武圣上皇、兴明太后、孝谦天皇以及440名僧侣传授戒律并因此被尊为日本律法的开山祖师。从此以后，无论什么人，如果没有经指定的戒坛受戒，就不能取得合法僧籍。

公元759年，孝谦天皇下旨，为鉴真法师建造了成禅院，后来又建造了唐招提寺，这两座寺院都是依照盛唐建筑风格和建筑式样所建的。孝谦天皇亲手写了匾额。

鉴真大师除宣教传律以外，还与众弟子在建筑、艺术、医学等各个方面对中日文化交流做出了很大的贡献。他们传授各种知识，深受日本人民的赞誉。相传做豆腐的方法就是由鉴真传到日本的，至今日本豆腐业仍尊奉鉴真为祖师。

公元763年5月6日，鉴真法师在日本圆寂，时年七十六岁，其塑像在唐招提寺的开山堂保留至今。鉴真法师死前未能返回故乡，死后火葬在奈良。当他去世的噩耗传到扬州，扬州诸寺的僧尼都非常悲伤，向东举泪痛哭，隔海遥祭，真诚地纪念这位佛学大师。

鉴真法师在日本期间创立了一个新的律宗，后来成为了日本最有影响的教派，与成实、三论、华严、法相等统称南部六宗，在佛教史上留下了光辉的业绩；同时，他对发展中日两国人民的友谊以及在文化、科技等方面做出的贡献也令后人敬仰。

靺鞨的历史及"渤海文化"

春秋战国时代，我国的东北部居住着一些肃慎人。到隋唐时期，这些肃慎人被世人称为"靺鞨（mò hé）人"，据说他们很早就居住在黑龙江流域和长白山以北、东临大海的广阔土地上。

靺鞨人在舜、禹时代就与中原地区的政权建立了联系。夏禹平定九州的时候，他们向夏朝进贡了弓矢和其他兵器；在西周的武王、成王及周康王时又来不断地朝贡。肃慎人的先民文化中以制造弓箭和渔猎经济而著称，他们把一种叫做"楛"的植物的茎制成箭杆，用一种石头做箭头，在捕鱼打猎时很方便。由于肃慎人和周朝的关系较好，所以周人也不再把他们当做外人，肃慎人居住的地方，就是西周的领土。事实证明在春秋以前的远古时代，肃慎人就同中原王朝关系非常密切。据古代的文献资料《逸周书》记载，当时的肃慎人以捕鱼和打猎为生，他们经常用弓箭射取江河湖中游动的鱼类。但是，近几年吉林市西团山考古发掘队取得的考古资料证明，商周时期本地区居民主要是发展农业经济，家畜饲养业也比较发达；从大量发掘出的猪骨头可以看出，肃慎人喜欢吃猪肉，几乎家家户户都养猪，他们过的是氏族式的定居生活。这些遗迹的发现，反映出肃慎共同体文化中比较先进的部分，这说明，肃慎人在社会历史发展中是不尽平衡的。

在东西两汉时代，肃慎改称为挹（yì）娄，他们的活动范围和肃慎人有所

辽代赤峰窑
白釉黑地剔
化牡丹纹尊

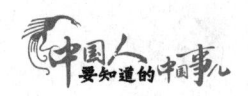

不相同。这一时期社会经济进一步发展，已到了氏族社会，挹娄人以渔猎、农耕、家畜饲养为生。汉代挹娄内部已经有了贫富差别现象，但这种差别不是很明显。在母系氏族向父系氏族的过渡阶段，挹娄人各个部落出现了大小不等、居住分散、没有君长统辖的局面，这时他们还没有形成部落联盟，社会形态是比较落后的。

在魏晋和南北朝时期，挹娄又更名为勿吉，仍然和北方中原王朝保持着密切的联系。在公元471年，勿吉派遣使者到中原朝拜北魏孝文帝。公元554年，勿吉又派人到北齐朝见了文宣帝。在这一时期勿吉经常和西北毗（pí）邻的契丹部落发生冲突，相互劫掠财物。南北朝时期，勿吉南面的高丽政权日渐强盛，因此勿吉部族就近依附于高丽政府，受其统治。

到了周隋时期，勿吉改名为靺鞨，当时仍然臣服于高丽。公元598年，高丽国王高元率领一万靺鞨骑兵攻打隋朝的辽西。隋朝时靺鞨已有七个大部落，这就是粟末部、安车骨部、伯咄（duō）部、拂涅（niè）部、黑水部、号室部和白山部，其中粟末部和伯咄部都有骑兵数千人，其余部落的兵力在三千左右。靺鞨七部当时大约居住在东临大海、西到嫩江、南至吉林市、北到黑龙江以北的广大地区。他们不会建筑房屋，都是凿穴而居。这时实行财产私有制，贫富差别现象已经比较大了，各个部落的首领都是父死子承，沿用世袭制，处于奴隶制初期阶段。隋文帝杨坚在位时，靺鞨派遣使者到长安去朝贡，隋文帝设下丰盛的宴席招待他们。隋朝末年，靺鞨首领突地稽（jī）率领着部众一千多家归顺了大隋，隋炀帝任命突地稽为辽西太守，与中原王朝形成从属关系。

唐朝初年，突地稽派遣使者到长安向唐高祖李渊朝贡，唐政府任命突地稽为燕州总管。公元668年，唐高宗命李𪟝攻打高丽，并任命他为辽东道行军总管。到了九月，李𪟝率兵攻占了壤城，俘虏了高丽王高藏。高丽被消灭以后，依附高丽的粟末部众渡过迈水河回到了挹娄故地，休养生息，逐渐壮大，其中粟末部、黑水部成为两个最强大的部落。唐王朝为加强对靺鞨各部的管辖，唐玄宗时，在黑水靺鞨地区设置了黑水军和黑水都督府，让他们的首领担任都督。

公元7世纪末，靺鞨族粟末部首领大祚（zuò）荣率领部落众人远逃，与

唐代粉彩女俑

白山部乞四比羽的残部合在一起。他们凭借距离唐军远、难征讨的条件，与突厥结成联盟。大祚荣于公元698年自立为震国王，有部众十余万人，军队数万，国土方圆五千里，居民以靺鞨人为主，也有部分高丽遗民。

到了唐玄宗李隆基时期，靺鞨王子派人联络，请求与唐朝建立互市贸易。公元713年，唐玄宗派遣中郎将崔忻到粟末部册封大祚荣为左骁卫员外大将军、渤海郡王，在他统辖的地域建立了忽汗州，授命大祚荣为州都督。此后，大祚荣就把靺鞨改为渤海，建立了地方政权统一管理各部。至公元762年，唐代宗正式下诏，将渤海政权改称渤海国，命钦茂为国王。

公元719年，大祚荣病死，他的儿子武艺承袭王位，渤海王改为高王，年号改为仁安。武艺统治时期，渤海疆域有了很大拓展，东边到大海、北至黑龙江、西与契丹接壤、南与朝鲜半岛上的新罗相邻，成为中国东北部的大国。武艺死后被谥为武王，他的儿子钦茂继位，改年号为大兴。钦茂在位的时期，国力进一步强盛，全国境内共设置了5京、15府、62州。钦茂死后，被谥为文王，鉴于他的儿子宏临死得比他更早，只能立他的族弟元义为渤海国王。之后又经历了成王华屿、康王嵩磷、定王元瑜、僖王言义、简王明忠、宣王仁秀，还有彝震、虔（qián）晃、玄锡、玮瑎……他们的谥号都记载不详，现在已无从考证；最后一个是末王大湮（yān）撰。

公元926年，渤海国被新兴的辽国所灭，大湮撰投降了辽国。自公元698年高王大祚荣建国，到公元926年末王大湮撰降辽，渤海国共传15世229年。

渤海国经历了两百多年的历史,在政治、经济、文化等各个方面与中原的唐王朝都有着密切的联系,他们的政治、军事和国家的机构建制都与大唐一样,尤其是王位的继承也是按照中原王朝的做法选配继承人。在文化方面,渤海国没有单独的文字,而是使用汉字;渤海国还派遣留学生到长安学习文化艺术和文物制度,模仿唐朝的文风,上流社会中的文人也都喜欢作诗。我国的唐朝中期以后,渤海国达到了最繁荣的鼎盛时期。

靺鞨人在中国唐朝时期汉族先进文化的影响下,创造出了光辉灿烂的"渤海文化"。最明显的特征之一就是物产丰富,如长白山的菟(tù)丝、鄚颉(mào xié)的猪、率宾的良马等。当时唐朝朝廷每年都从渤海国购买大批战马用于军队。特征之二是生产技术高超,例如在炼铁、纺棉、织布等方面。特征之三是文化制度发达,据张贲(bì)《东京记》记载,城内儒生比比皆是,对汉字的教识到处都是,端庄的字画、书写美观的汉字随处可见。

靺鞨人创造的"渤海文化"是中华民族优秀文化的一个重要组成部分,在中国历史发展史上留下了光辉的一页。

最早来华的韩国留学生

在今天中国的大学里，经常能看到很多从韩国来学习中文的学生。实际上，早在唐朝时期，崔致远就曾经从韩国前来唐王朝留学了。

崔致远，字孤云，是中国晚唐时代的新罗（今韩国）末期人。他十二岁留学来到中国，学习中国文化。崔致远天生聪慧，学习刻苦，在中国考上了进士，并担任过三品官；期间曾写作了大量诗文。后来他回到新罗，把大唐的先进文化传播到新罗，以汉文化的先进理念济世救国、振兴朝纲、熏化民众。为中韩文化的交流，贡献出了毕生精力。

崔志远出身于新罗晚期的一个贵族家庭，他的父亲一心想要振兴家族，光耀门楣，把期望寄托在了他的身上，认为进士及第是唯一捷径。当时只有十二岁的崔致远就承担了光大整个家族的重大使命。公元868年，崔致远辞别家中的亲人们，离开了国家和故土，只身西渡，随着一队商船来到大唐。临行前，其父一再谆谆重托，吩咐他："十年不进士及第不许回家。"这对他来说是很大的压力，同时也是动力，为他后来卓越的表现奠定了基础。

崔致远到大唐学习的年代，已经是唐朝晚期。尽管当时的唐王朝已经不及盛唐时气宇恢宏，但是盛世的余荫犹在。到了长安以后，他与数百名来自新罗的留学生一起被安排到了国子监学习。崔致远学习勤奋，成绩优秀。公元874年，他参加了科举考试并一举及第。金榜题名后的崔致远，终于学有所成，不负家人的厚望。佳讯传至新罗庆州，崔氏家族举族同庆。

崔致远如果就此回到新罗，也算是衣锦还乡、荣归故里。但是他当时并没有返回新罗，而是继续留在大唐发展。他的内心有着宏伟的人生愿景和抱负。按照大唐时期的律法，及第两年后通过吏部遴选，才能获得进士资格，在政府中担任一定的职务，也就是现在的行政领导。在及第与进士相隔的两年中，崔致远因留学生身份的结束失去了大唐政府的资助，没有了经济来源，生活费得由他自己想办法筹集。为此，他走上了文学创作的道路，"浪迹东都（现在的洛阳），自谋生路"。

崔致远在东都度过了两年，他四处游历，飘荡无着，在及第的峰顶没有荣耀多久就被自谋生路的残酷现实重重摔下，进也进不得、退亦退不得，处于进退两难的境地。崔致远选择了蛰伏与等待，他等待合适的时机，施展报效家国的抱负。这期间，他广交文友，结识了大批有识之士，与他们交流诗文，水平大有长进。

崔致远塑像

在两年后的公元876年冬天，正值弱冠之年的崔致远终于等到了施展抱负的机会。他被朝廷任命为溧（lì）水县尉。在任职的三年里，崔致远官闲禄厚，在处理公务的闲暇时间里经常以文会友，撰写诗文。

崔致远任职期满已是公元880年，当他正想回长安时，黄巢起义发生了。起义军一路势如破竹，攻破了潼关天险，占领了长安。崔致远知道西行无望，便在朋友的推荐下，到扬州高骈（pián）门下当幕僚。这时，大唐王朝虽然已经风雨飘摇，扬州却是商贸活跃、生活富足、才士云集。崔致远的人生展开了一段最为辉煌的时期。

高骈很有文才并喜欢与文人结交，他的幕下才士云集。崔致远因才华出众很快得到了高骈的赏识。在高骈手下做幕僚的这段时间，崔致远实质上充当了高级参谋与贴身秘书的角色，为高骈拟了大量公文。虽然这离他的远大理想还有差距，但已是莫大的机遇了。

晚唐时期，士大夫们进入藩镇幕府充当文职官员，可以说是当时社会为文人求取仕途独辟的蹊径，崔致远正因为这个机遇时来运转。由于高骈的致力举荐，崔致远先后担任了侍御府内奉、都统巡官、承务郎、馆驿巡官等重

唐代画家周昉所绘的《簪花仕女图》是目前全世界范围内唯一认定的唐代仕女画传世孤本

要职位。这些职位都是文职,崔致远的文学才华在任职期间得到了淋漓尽致的展示,可以说是英雄有了用武之地。公元881年5月,高骈起兵讨伐黄巢时,崔志远为此拟就了《檄黄巢书》。这次他才华横溢的表现被天下传诵,并获得了"赐绯鱼袋"勋位。

扬州五年的宦游淮南幕府时期是崔致远文学创作最为频繁且质量臻于顶峰的阶段。他写下了一生的主要作品《桂苑笔耕集》,这也是他流传后世的唯一著作。这部书对今天学者研究晚唐政治、军事、外交,特别是黄巢起义时期的乱世之治,有着非常重要的史料价值。

公元884年,崔致远的弟弟崔栖远来到了大唐,带着他父亲的信迎崔致远回国。

少小就离开家乡到大唐留学的崔致远,十六年后才回到故乡。离家时少不更事的少年,如今已是而立之年。崔致远也开始了对第二故乡——中国的绵绵思念。他留下了"万里始成归去计,一心先算却来程"的佳句。然而,他思考更多的是,如何用在大唐学到的满腹经纶、治政良策报效新罗王朝,振兴自己的民族。

崔致远作为大唐的三品官荣归新罗,成为当时新罗历届留学生中首屈一指的人,受到了当时君主宪康王的重用,被任命为侍读兼翰林学士守兵部侍郎知瑞书监事。然而,由于当时新罗王位频繁更迭,政途瞬息万变,再加

上官僚腐化堕落，崔致远最后遭人排挤，于公元890年被外放至泰山郡任太守。两年后，他被继续外放到更远的富城郡，从此再没有回到中央政府。

仕途的坎坷丝毫没有阻挡崔致远传播汉学的热情。回国伊始，崔致远便将在唐时所著杂诗赋及表奏集二十八卷、《中山覆篑（kuì）集》一部五卷、《桂苑笔耕集》一部二十卷，呈现给宪康王，欲以汉文化的先进理念济世救国，振兴朝纲，熏化民众。这些文集很快流传开来，深受民众推崇，也由此奠定了崔致远在新罗文学泰斗的地位。

崔致远一生文学创作不断，由于在文学上的极高成就，他得到了新罗后世的众口同赞，死后被追谥为文昌侯，尊为"百世之师"。

崔志远在中国十多年，写下了大量的诗文，多数都失传了。只有诗文集《桂苑笔耕集》（20卷）收录在《四库全书》中。他的汉诗《秋夜雨中》、《江南女》等颇具盛唐、晚唐的纯熟诗风。归国后，他写作了反映乱世黑暗、社会恶浊的诗《寓兴》、《古意》、《蜀葵花》等。崔致远被朝鲜历代人民公认为汉文文学奠基人，为中朝两国的文化交流奉献了全部心血，作出了积极的贡献。

辽太祖平定叛乱

辽太祖名叫耶律阿保机，曾经因为连任可汗而引起辽国内部的争端。按照辽国的传统制度，可汗之位是家族内部的世选制，三年要改选一次。而耶律阿保机的目标则是像中原的皇帝一样建立终身制和世袭制。凭借自身的实力和威望，耶律阿保机任可汗三年期满却不肯交出大权，坐在可汗的宝座上继续向皇帝的目标努力。

辽国可汗之位转入耶律氏后，可汗都要由耶律氏这个家族的成年人来担任；阿保机不让位，其他人便没有当选可汗的机会。为了争夺可汗的被选举权，阿保机本家族的兄弟们便首先起来反对他，由此发生了耶律氏家族历史上的"诸弟之乱"。

兄弟们的叛乱一共有三次。第一次在公元911年，当年五月，剌葛、迭剌、寅底石、安端策划谋反，安端的妻子得知后悄悄报告了阿保机，阿保机不忍心杀掉这些兄弟，就和他们登山杀牲对天盟誓，然后赦免了他们。兄弟们并没有领情。第二年，又在于越辖底的带领下，再次反叛。除了原来的几个人外，新任命的惕隐滑哥也参加了。这年的七月，阿保机征伐术不姑部，命剌葛领兵攻打平州（今河北卢龙）。十月时，剌葛攻陷了平州，领兵阻挡阿保机的归路，想强迫他参加可汗的改选大会。阿保机没有硬拼，而是领兵南下，按照传统习惯赶在他们的前面举行了烧柴告天的仪式，即"燔（fán）柴礼"，再次任可汗。这样就证明他已经合法地连选连任，使众兄弟没有了反叛的根据。阿保机兵不血刃地平息了一场叛乱，体现了他超群的智谋。第二天，诸兄弟便纷纷派人来向阿保机请罪，阿保机也就不再追究，只下令让他们悔过自新。但是，可汗宝座的诱惑毕竟比兄弟之情要大很多，兄弟们在不到半年之后，于公元913年的三月，又一次反叛。这次发生了较

《东丹王出行图》的作者李赞华（原契丹名为耶律倍）是辽代开国皇帝耶律阿保机的长子

大的武装冲突。他们先商议好拥立剌葛为新可汗，然后派迭剌和安端假装去朝见阿保机，想伺机劫持阿保机去参加他们已经准备好的可汗改选大会。除了本部落外，乙室部落的贵族也参加进来。阿保机发觉了他们的阴谋，解决了迭剌和安端，并收编了他们的一千名骑兵，然后亲自率领部队追剿剌葛。剌葛的另一支部队在寅底石的率领下直扑阿保机行宫，焚毁了辎重、庐帐，还夺走了可汗权力的象征旗鼓和祖先的神帐。阿保机的妻子看守大帐，领兵拼死抵抗，等到援军来后又派人追赶，但仅追回旗鼓。四月，阿保机领兵北上追击剌葛，他派人在前面埋伏堵截，前后夹攻。这一次，侍卫亲军发挥了重要作用，向前猛攻，最终将剌葛打败，剌葛将夺去的神帐和其他物品都丢在了路上。阿保机没有立即追击，而是先休整部队，因为他知道剌葛的部下不久便会思念家乡，等到士气低落、无心恋战时再出兵，就会不战而胜。到五月，阿保机乘机带领他的部队对剌葛进行攻击，终于打败了他们并擒获了剌葛。经过三次平叛，阿保机基本消灭了本家族的反对势力，但对部落的经济却造成了很大的破坏。民间原有马上万匹，战后百姓出门却只能步行了。

  本部落的反对势力消除后，契丹其他七个部落的反对势力仍旧存在。各部落以恢复旧的可汗选举制度为旗号，强迫阿保机退让可汗之位。阿保机只好先交出旗鼓，答应退位，然后以退为进，设下了计谋。他对众人说："我在可汗之位九年，下属有很多汉人，我想自己领一部治理汉城，可以吗？"众人都同意了。到了那里，阿保机率领汉人耕种。当地有盐铁，经济也很发达，阿保机采纳了妻子述律后的计策，派人转告诸部落的首领："我有盐池，经常供给各部落，但大家只知道吃盐方便，却不知盐池也有主人，你们应该来犒劳我和部下。"众人觉得有理，便带着牛和酒来了，没想到中了阿保机的诡计。阿保机布下伏兵，等大家喝得烂醉时，将各部落的首领全部杀死。

内外的反对势力除掉之后，阿保机在公元916年称帝，正式建国，国号契丹，建元神册。契丹的国号有过几次变动：公元947年改成辽，公元983年又改为大契丹，公元1066年改成大辽，此后不再改号，直到公元1125年被金所灭。有的书中为避免混乱，就通称为辽。耶律阿保机称"天皇帝"，妻子述律氏称"地皇后"，立长子耶律倍为太子。

耶律阿保机称帝之后，继续扩张领土。这时漠北的游牧部落和契丹比起来势力都很小，东边的渤海和高丽也已经衰落，南边的李克用和刚建立后梁的朱温长年对立交战。这种形势对阿保机开疆拓土非常有利，阿保机想建立一个南到黄河、北至漠北的北方大国。为此，他首先南下，但两次都以失败而告终。阿保机召开了军事大会，部署新的作战计划，然后亲自带兵征讨党项、阻卜等部落，向北到达了乌孤山（今肯特山），还曾抓获回鹘（hú）都督毕离堇（jǐn），回鹘乌主可汗只得派使臣纳贡谢罪。

到了天显元年（926年），阿保机又经过充分准备，东征渤海国。他率全部兵力攻下了渤海国的西部重镇扶余城（今吉林农安），然后又围攻首都忽汗城（今黑龙江牡丹江东京城），国王率领几百名大臣开城投降，不久就统一了渤海的全境。阿保机将渤海改为东丹国，意即东契丹国，并命皇太子耶律倍任东丹王，管理东丹事务，这样，阿保机就将势力扩大到了渤海沿岸。同时，阿保机又在黑龙江和乌苏里江流域广置官府，实施实际管理，从而结束了唐末以来东北地区的分裂局面，重新实现了统一，但在回师途中，阿保机却病死于扶余城，终年五十五岁，谥（shì）号"升天皇帝"，庙号"辽太祖"。他毕生努力统一东北地区的功绩，对于当地经济和文化的发展、促进各族人民的交流都有极其重要的作用。

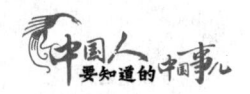

藏族统治者中的英雄——唃厮啰建吐蕃联盟

在藏族地区,一直流传着英雄格萨尔王的故事,据说格萨尔王的原型就是曾经统一西藏地区的统治者唃厮啰。

唃(gū)厮,即佛子之意,啰(luo)是尊称。唃厮啰是吐蕃亚陇觉阿王系的后裔,其先辈自吐蕃达磨(朗达玛)赞普被刺以后,在宗室的割据内乱中流落到今吐鲁番地区。他十二岁时被客居高昌的河州羌人何郎业贤从西域接回河湟地区,安置在剓(guì)心城(甘肃夏河一带)。后来成为联宋抗夏的藏族英主"西平王"。

当时河湟一带吐蕃"族种分散"、"无复统一",常受西夏的侵扰。唃厮啰由于出身高贵,被看做是当然的赞普(国王)。吐蕃各部落首领都想控制少年的唃厮啰,以实现"挟天子以令诸侯"的目的。因此唃厮啰一度曾被大姓耸昌厮均持移到移公城(甘肃临夏西南),后来又被劫持到了廓州(青海尖扎北),接着又被李立遵单独将他迁持到宗哥城,并把女儿嫁给他做了妃子,李立遵以论逋(bū)(论逋:吐蕃相)的名义掌握实权,飞扬跋扈,与宋朝为敌。唃厮啰尊重吐蕃王室自松赞干布以来与唐朝建立的友好关系,对李立遵的对外政策甚为不满。在秦州三都谷战役中,李立遵为北宋名将曹玮所败,唃厮啰便乘机离开宗哥城,来到邈川,起用邈川大酋温逋奇作论逋,罢黜了李立遵的论逋职务。但是温逋奇也是个野心勃勃的酋首,他阴谋勾结西夏篡夺唃厮啰赞普之位。公元1032年,温逋奇发动政变,被唃厮啰平定,当时唃厮啰才三十五岁。随即,唃厮啰把首都从邈川西迁至青唐城(今西宁)。从此,他亲自执政,牢牢掌握了河湟地区的吐蕃政权。迁都青唐城后,唃厮啰进一步发展与宋王朝的关系,他沿用吐蕃赞普称呼唐朝皇帝的惯例,称宋朝皇帝为

"阿舅天子",大力支持,宋朝皇顺军节度使"兼"宁远大将军"、"邈川大首领"等王朝形成联盟,西夏。

西夏于公元了对河湟地区的儿率2.5万人进攻北),被吐蕃唃厮俘。公元1035年,元昊再次进攻,唃厮啰派安子罗带兵十万,阻断元昊退路。两军经过了二百余日的激战,元昊不得已撤军至宗哥河。安子罗暗中使人决宗哥河水,水淹元昊军,淹死的元昊军士卒不计其数,幸存者大多溃逃而去,最后唃厮啰大获全胜。

因此得到宋王朝的帝先后封他为"保顺"、"河西节度使"、"爱州团练使"、职。唃厮啰与宋共同对付强悍的1033年七月发动进攻,元昊派苏奴猫牛城(西宁东啰击败,苏奴儿被

松赞干布唐卡

同年十二月,元昊再次进攻河湟(huáng)。唃厮啰审时度势,自知寡不敌众,屯兵在鄯(shàn)州(西宁境)不出战。元昊主动进击,当渡一条河时,在浅水处插标识做记号,作为退回来时的渡河点。唃厮啰派人侦察后,将其水标移至水深处,随后发动对元昊军的全面进攻。当元昊军败退至河边,依靠事先做好的标记渡河,不料却误入深水,溺死的人达十之八九,失去的物资不计其数,仅剩下小部残兵保护元昊逃回。唃厮啰又一次击败了元昊。从此元昊再也不敢轻易涉足唃厮啰的管辖领域。

此时,熙、河、洮、岷、叠、宕、湟、鄯、廓、金石等州的吐蕃部落,纷纷集合在唃厮啰麾(huī)下,甚至原来一些投靠西夏的吐蕃部落和被西夏打散的回鹘部落,也归附了唃厮啰,形成了幅员三千余里,与北宋、西夏、回鹘、于阗、卢甘等国相连,人口达百万户的第二次东吐蕃联盟。从此西夏、契丹、宋朝都和吐蕃友好相处,或下嫁公主通婚或互相派遣使者,唃厮啰向宋朝送良马,配合宋朝军事行动,牵制了西夏对宋的进犯。

唃厮啰最强大的时候控制了河湟地区,这是处于中西交通的必经之路。

西夏占领河西走廊后,由于劫匪、苛税,这条国际商路渐渐荒败。唃厮啰执政后,重新开辟从西域经河湟入中原的通道,派兵护送商队,设立交易市场,沟通了中西文化和经济交流,当时唃厮啰国都青唐城(西宁)里,定居的各国商人有几百家之多。

唃厮啰执政五十年,于公元1065年病逝,享年六十九岁。此后他的继承者董毡、阿里骨等世世皆受宋朝授官和册封,有力配合了北宋的抗夏斗争。

有学者认为,《格萨尔王传》形成于宋元时期,"唃厮啰"一词即与"格萨尔"同义。认为"格萨尔"就是"唃厮啰"的译字变音;唃厮啰,便是《格萨尔王传》中"格萨尔"英雄的原型。

不过,学术界争议尚多,意见也不一致。我们抛开此说,仅就文学艺术而言,英雄史诗《格萨尔王传》是目前世界上最长的史诗,有国内外各种语言译本,它已成为世界人民喜读的鸿篇巨著,是一朵瑰丽的艺苑奇葩。仅此而言,唃厮啰这位英雄形象也就被藏族人民所喜爱而溶注于他们的文学作品中,产生了巨大影响。唃厮啰的业绩是中华文化宝库中不可或缺的珍贵遗产,唃厮啰这位藏族统治阶级中的英雄人物,不仅以其真实的历史故事影响了藏族社会的进步发展,而且为著名英雄史诗《格萨尔王传》提供了珍贵的素材,更为中华民族文化史树立了光辉的里程碑。

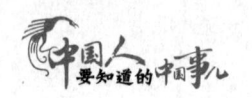

中日僧侣架起文化交流的桥梁

中国与日本两国是一衣带水的邻邦，在两千多年的汉朝时期就有了交往，隋唐时期两国的关系有了进一步发展。到了宋代，中日两国交往继续发展，特别是民间的文化交流和僧侣之间的交流更加频繁。

中日间的民间交往，以前有历史考证的，属僧侣最频繁，而且规格也比较高。唐宋时期，中日的僧侣们互相往来，不仅交流佛法，也同时交流一些手工艺术、医学、建筑等各个方面的知识，有效地促进了两国人民之间文化和艺术的融合。

据史书记载，唐宋元时期僧侣中，比较有名望的、姓名可考的就有数百人之多，同时也有不少中国僧人访问日本，传播佛法。

唐朝时期，日本高僧荣睿和普照曾受日本天皇之命来中国交流佛法和其他技艺。到了北宋时期，来中国交流的日本僧侣中最有名的是奝（diāo）然和成寻。奝然在公元983年，乘坐宋朝的商船来到中国，先后游历了五台山、天台山、龙门、洛阳白马寺等佛教圣地，并与当地僧侣交流佛学，同时他还在东京（开封）受到了宋太宗的亲自接见。在接见时，他采用笔答的方式介绍了日本的历史和社会状况。奝然在中国学习佛学用了三年时间，取得了不少的收获。回日本时，他仍然乘坐了宋人的商船并携带着宋太宗和中国高僧们赠送给他的雕版印刷佛教经典著作《大藏经》和一些珍贵的佛像等。至今，日本京都的清凉寺仍然珍藏着奝然当年带回日本的佛像，佛像的腹中还有许多宝贵的袖珍文物。

成寻和尚是在北宋神宗熙宁五年（1072年）乘着宋朝的商船来到中国的，他在中国前后共待了九年，他先后参拜了五台山、天台山等佛教名胜。

宋元丰四年（1081年）在中国去世。他生前写下了一部名叫《参天台山五台山记》的书，这部书详细记录了他在中国的活动，对当代人研究中国历史、地理及佛学都有一定的贡献。

这一时期，中国去日本访问讲学的僧人也很多，有姓名可考的有三十多人，其中影响较大的是鉴真和宁一山。中国唐朝的鉴真大师，在访问日本期间，为日本天皇和僧侣们讲授佛经，受到了日本政府和佛学界的高度重视。除宣教传律以外，他与众弟子在建筑、艺术、医学等各个方面，对中日文化交流也做出了很大的贡献。宋朝的宁一山费尽周折来到日本，在日本学习、交流、考察了二十多年，他带去了我国的科学技术和先进思想、佛学著作，这些都大大推动了日本的科学、文学和佛学的发展和繁荣。

南宋画家梁楷所绘《六祖斫竹图》

由于中日两国僧侣的互访互学，进一步加深了两国经济、文化和佛学的交流。

在经济贸易方面，当时中日两国海上运输业发达，贸易频繁，等价交换各种物资，互通有无。日本的木材、黄金、沙金、水银、硫磺和各种手工业品被输入中国，尤其是日本手工业品中的宝刀和纸扇，深得宋朝官员和士大夫们的喜爱；中国的瓷器、药材、丝绸、香料、书籍运往日本，丰富了两国的市场。

在文化方面，中日两国互派留学人员，民间交流也很频繁，互相学习、互相促进。但是，当时文化比较落后的日本，主要是向中国学习；所以，在文化交流方面，中国向日本输出的比日本向中国输入的更多。这样，中国先进的科学技术陆续传到了日本。

南宋画家法常所绘的《观音图》于淳祐元年（1241年）由前来中国学习佛法的圣一国师带到日本，现在藏于日本东京大德寺

在制造业方面，北宋的造船技术已经达到了当时的国际先进水平，日本政府时常派官员和造船匠人来中国学习造船技术知识。有一次，日本造船厂听说中国造船厂又攻克了一个造船技术难题，就立即派出技术工匠来中国学习。这个所谓的技术难题，是桅杆在船上立起和放倒的问题。当时的船都是帆船，船大帆大，挂帆的桅杆也就大。高大的船桅，要立起来谈何容易，还有怎样才能将它放倒，这不仅是力量问题，更重要的是技术问题。宋代造船技师攻克了这个技术难题，他们发明和制造了一套机巧控制设备，安装在船上，操作方便，随时可以竖起桅杆、放倒桅杆。日本人善于向其他民族学习，对于这个先进设备和先进技术，他们是不会放过学习的机会的。

中国的印刷术在当时也比较先进，宋初雕版印刷的《大藏经》不断地传到日本，南宋印刷的《新唐书》、《新五代史》也传入日本。精美的书籍装帧、高超的印刷技术，震惊了日本的读书人和印刷界。

这时期，中国的许多绘画名作纷纷传入日本。南宋名画家梁楷和牧豁的作品在国内流传甚少，但在日本却有多幅，甚至被日本定为"国宝"。日本京都清凉寺珍藏的中国佛像品，这是这位画家唯一的传世腹内，藏有北宋画家高文进的作之作。

中国是礼仪之邦，日本的服饰和礼仪中有不少形式是从唐代学去的，在风俗习惯上也有不少源自宋代。例如：喝茶就是从大唐传入日本的。日本有一个高僧叫侣荣西，曾两次到中国来，他把中国的佛教派别之一的禅宗教输入日本，对日本佛教界影响很大；同时，他把茶叶种子带回日本，并著书立说，宣传茶的作用和饮茶的益处，从此日本饮茶之风兴起，至今不衰。

由于中日两国僧侣互相往来，促进了两国经济、文化的交流；来华的日本僧侣也和中国文人、画家、僧侣结下了亲密的友谊。

丹心一片照汗青——民族英雄文天祥

　　文天祥生活在中国南宋时期，官至丞相。他任职期间，元军南侵，南宋王朝国力衰退，军队战败，形势严峻。

　　公元1278年，陆秀夫和张世杰拥立八岁的卫王赵昺为皇帝。当时文天祥正出南岭进兵海丰，便与陆秀夫联系，要求觐（jìn）见小皇帝。但他得到的回应也只有一道圣旨，圣旨加封他为少保、信国公，但不准觐见。文天祥对朝廷一直是忠心耿耿，换来的却是被排斥于朝廷之外的空头官名。文天祥心里感到很委屈，也因此对陆秀夫很不满，便写了封信对陆秀夫进行批评，说他只用空头官爵搪塞自己。

　　就在这年的十二月，文天祥率领着军队，行至海丰北五坡岭，遭到了元军的突然袭击。文天祥事先并没有得到元军的消息，猝（cù）不及防，还来不及布置军队就不幸被元军俘虏。他赶忙吞下了事先预备好的二两冰片，想自杀殉国，然而经过了一阵昏眩之后，他又苏醒了过来，被元军羁押。

　　第二年的正月，文天祥与攻打崖山的元军一起渡过珠江的零丁洋，当时，元朝的张弘范派李元帅到文天祥的船上劝降，让他写信给张世杰，

文天祥像

文天祥感慨国破家亡、自己被俘的命运，为表达自己的一片忠心，随即挥笔写下了著名的诗篇《过零丁洋》：

辛苦遭逢起一经，干戈寥落四周星。
山河破碎风飘絮，身世浮沉雨打萍。
惶恐滩头说惶恐，零丁洋里叹零丁。
人生自古谁无死？留取丹心照汗青。

这时，元朝的军队进行水陆合围，向南宋皇帝所在的崖山发动了总攻，陆秀夫见大势已去，败局已定，对小皇帝说："国事至此，陛下当为国死。德祐皇帝被俘，辱国已甚。陛下不可再受侮辱！"说罢，抱起小皇帝纵身跳入滚滚浪涛之中，宋朝的官兵纷纷跳海殉国。大宋朝就这样结束了。

这一年的四月，张弘范派都镇抚石嵩、囊加歹带兵押送文天祥北上，前往大都。从此文天祥在大都的监狱中被囚禁了三年。

文天祥被安排在会同馆内，受到了贵宾一样的款待，他住在华丽的房间里，元朝人送来精美的饮食。文天祥以为这是元朝政府在要花招，便问馆内的管事人，那人回答，这是按孛（bó）罗丞相奉忽必烈的旨令办的。文天祥面南而坐，不吃不喝，通宵达旦地坐着，等待提审。忽必烈想争取他为元朝服务，便想方设法笼络他，先派原来在宋朝当过丞相、时任元朝礼部尚书的留梦炎去当说客，后派亡国皇帝赵㬎来劝降，都被文天祥拒绝。忽必烈又派他的中书省平章政事阿合马来会文天祥，文天祥回答说："亡国之人，要杀便杀。"文天祥的亲弟弟文璧也早已经投降了元朝，奉命前来大都劝文天祥投降。文璧给了他四百贯钱，文天祥说："这是逆物，我不受。"文璧也丝毫没有办法，只得拿着钱离开。

文天祥在监狱中时，仍然坚持文学创作，他写下了不少好诗篇，其中最能表现他英雄气概的是《正气歌》，这首诗共60句，诗中写道，宁可断头，也要笔直地站立着，像汉朝的苏武一样，出使匈奴被拘十九载，受尽折磨，终不变节。

文天祥真是一条有着铮铮铁骨的汉子，他反复诵读唐代大诗人杜甫的作品，写成了《集杜诗》二百首，他还把被俘以来的诗歌，编辑为《指南后录》，共三卷。

　　文天祥在被提审的时候，亲自回答了忽必烈的提问。经过准备，忽必烈最后与文天祥谈了一次话，他让人将文天祥带到金殿上，语气温和地对文天祥说，大宋已经灭亡，蒙古人入主中原符合天意，宋朝很多大臣已经为元朝办事。做官的已达数百人。他反问文天祥为何抱着那种迂腐顽固的观点不肯到元朝做官呢？文天祥义正词严地表示：你们糟蹋了我的国家，我们的皇帝投海死了，忠君报国者是不会投降的，忠臣不能事二主！忽必烈说却指出，文天祥曲解了"忠"字的意义。忠君，要看君是怎样的，连自己的国土都保不住，使亿万民众惨死疆场，这样的皇帝，还值得对他表示忠心吗？而且蒙古灭了各国，统一了中国。这段历史后人将要记录于史册，即便文天祥一个人不承认或汉族不想承认，也不能改变这个事实。宋徽宗和钦宗照样当俘虏，宋朝照样纳岁贡，鄙视少数民族绝没有好下场。听了忽必烈的这些话，文天祥哑口无言，呆坐在那里，痛哭不止。他指斥忽必烈占领大宋，屠杀大宋人民，不仁不义，完全丧失了人性。忽必烈则说，自己原以为文天祥是个懂得权谋的人，其实狗屁不通，唐太宗、宋太祖的建国和扩张疆土，你敢说他们不杀人？自己一向坚持凡投降者都赦免、凡抵抗者都杀头的政策，征南平宋和赵匡胤征南唐是一样的，况且自己赦免了南宋宫廷的人，只要不抵抗，都不杀。蒙古人征南平宋，从来不会无故杀人。投降蒙古的人并非都是不忠不义之人，刘秉忠、郝经、姚枢、许衡、赵仁甫等这些人也都是佼佼者，他们为大元的一统事业建立了不朽功绩，他们的名字也一样会留于史册。

　　忽必烈赞赏文天祥是个难得的人才，是汉族儒士中的优秀人物，又是大宋朝廷的宰相。他甚至表示，文天祥可以自己选择，或者留名青史或者成为元朝的宰相，甚至不愿当宰相，当个枢密使也可以。文天祥却坚持只求速死。这时忽必烈传旨请来史官，让史官记录下：某年某月某日文天祥请求赐死。忽必烈郑重宣称：一、朕对文天祥未加刑；二、朕曾先后三次劝文天祥为大元朝廷服务，让他一起治理国家；三、文天祥死后对其家族的人一律赦免，不加任何惩处，同大宋王朝宫廷遗人一样给予正常生活待遇。这次谈话就这样结束了，随后文天祥以亡国之臣被斩。

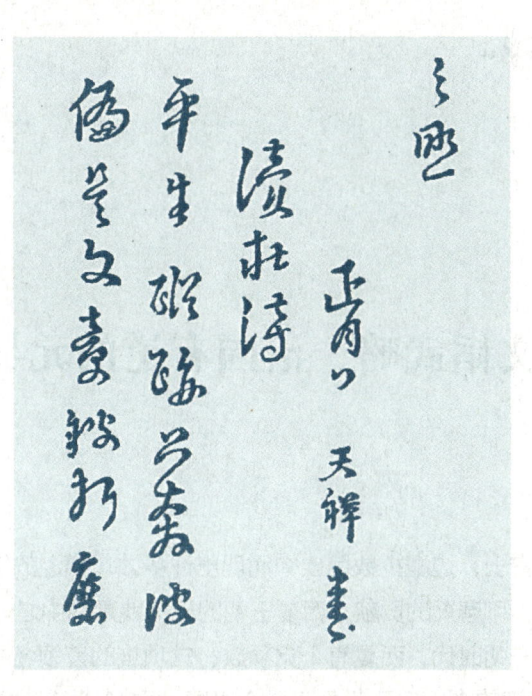

文天祥行草

　　处死文天祥后,忽必烈阅读了他生前所著的全部诗词文论,如《指南录后序》、《正气歌》等,他吩咐朝臣和黄金家族子弟,文天祥留下的是汉族文化的宝贵财富,命令他们要好好学习,像文天祥那样忠于朝廷。

　　忽必烈觉察到身为少数民族,统治中原大国有太多的难处,意识到汉族人民的文化是先进的,他感到蒙古人中像文天祥这样有胆有识、文化水平高的人太少了。他在费尽心机地考虑今后如何发展汉语教育、培养既懂汉语又懂蒙语的高级人才的同时,也对失去了文天祥这样一位卓越的人才深感惋惜。

　　历史的洪流滚滚而去,文天祥以他那坚贞不屈的爱国情操和慷慨激昂写就的《正气歌》,成为了永留史册的千古绝唱。

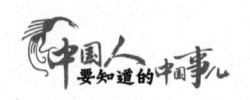

文韬武略、治国有道的元昊

在中国历史上，边疆少数民族中涌现出许多才华横溢的统治者，为各民族的振兴做出不可磨灭的贡献，西夏王朝的元昊就是其中之一。

在我国的宋朝时代，西夏有个党项族，党项族的首领名叫李德明。公元1003年，李德明的夫人卫慕氏生了一个男婴，取名"嵬（wěi）理"，他就是后来建立西夏党项族王朝的开国皇帝元昊。据传说，李德明的夫人卫慕氏随他游览贺兰山时，夜间梦到一条白龙绕在自己的身体上，次日就觉得身怀有孕，怀胎十二个月，才生出婴孩。那个孩子刚生下来，啼声洪亮，两目奕（yì）奕有青光，令在场的人十分惊讶。一个有名的游方僧人被找来一看，便说这个孩子的长相与常人不同，有帝王之相。家人听了半信半疑，隐隐希望这个孩子长大后能有与别人不一样的建树和命运。

元昊少年时长得眉清目秀，圆面孔、鹰勾鼻子、两只眼睛炯炯有神；他的性格刚毅中带有几分不可侵犯的凛然；身材魁梧雄壮，气势咄（duō）咄逼人。大概是和母亲卫慕氏梦见的白龙绕体而怀孕有关，元昊自小就喜欢身穿白色的衣服。他出门时身佩弓矢，头上戴着黑冠，正与党项风俗"黑头"尚武精神相联系。元昊从幼年时期就苦读兵书、学习兵法，精心研究。他天资聪颖过人，各种知识一学就会，后来文才高超，精通汉、藏语言文字，擅长绘画，还经常学习佛学和治国安邦的法律著作，他善于思索谋划，对每件事物都有独到见解。少年时期元昊的表现，为他成为文韬武略的英才埋下了伏笔。

元昊长大后，对其父亲向宋朝称臣日益不满，经常规劝父亲练兵自强以图霸业。他劝父亲说："我们的部落现在比较繁盛，但是财用却日渐不足。如果以后失样守卫家邦？我的资金来招兵买的人练习骑马射四周征讨钱粮，拓我们的国土，我们党项族强盛德明也觉得元昊只是当时的时机昊则年轻气盛，务"的重要性。

去了民心，该怎看不如利用所得马，叫身体强壮箭。小的行动向大的行动则要开这两者都可以使起来。他父亲李的话很有道理，尚不够成熟，元不太懂"识时审

金代壁画《西夏王妃供养图》雕凿于甘肃敦煌莫高窟409窟

到了公元1028年，元昊已经二十岁，父亲派他对河西回鹘（hú）作战。元昊凭着精准的判断和卓越的军事才华率军取得了决定性胜利，被立为太子。第二年，李德明又向辽国为元昊请婚。辽国将兴平公主嫁给了元昊。公元1032年，李德明在完成了兴建都城后，将怀远镇改为兴州，定为党项的首都，随后病逝。李德明尽管在有生之年没能登基称帝，但却为元昊登基称帝打下了牢固的基础。

二十九岁的元昊继承了宁夏王位，他首先废除了中原王朝赐给党项族拓跋（bá）氏王族的姓氏，将李、赵两姓改为嵬名氏。他自己号"兀卒"，表示自己为天子可汗，继而向全民族发出了"秃发令"，即剃光头发，戴上耳环和手上的饰物，和汉族人区别开来。元昊颁布这些命令，都是为了在立国称帝之际，将党项族的民族意识和民族特点凸显出来，与汉族和其他民族区分。他将自己打扮成"穿白窄衫，毡冠红星，冠顶后垂红结绶"，并按照等级、职务的区别规定了官员的服饰，让党项王族及职官、兵民都重新认识自己，重视国家，建立起党项族的特色。为了突出民族特色，他还命令野利仁荣创造了西夏文字，并形成了一套与汉字正草隶篆书体一样的固定体式；设立了"蕃学院"和"汉学院"执掌对大宋朝和其他国家的往来文件资料。元昊还对礼乐制度进行了改革，将九拜改为三拜，将五音改为一音，简化了礼乐制度。

公元1033年，元昊将兴州升为兴庆府，兴土木、建殿宇，并仿照唐都

长安、宋都东京的规划布局和建筑特点大肆扩建宫城。

　　元昊仿照宋朝的机构，设中央机构中书省、枢密院、三司、御史台及府、院、司、学等。由中书、枢密、三司掌管政治、军事、财务三大最高主管机关；建国后，元昊还仿宋制改国家机构为16司。

　　元昊要求凡中央机关中的官职，中书令、枢密使、御史大夫、侍中、太尉以下，都可由党项人和汉人担任。这些机构中的官职都有党项语名称，即"番号"名称，如宁令、谟宁令、丁卢素赍、祖儒、吕则、枢铭等。

　　元昊还颁布了新的兵役制度，明号令，用法律约束各邦国。党项族十五岁以上的男子就可以充军当兵，有两个男孩的家庭，要选取其中更健壮的当兵。兵分两种，第一种称"正军"，是直接参战者；第二种是"负赡（shàn）"，间接参战，即作随军劳役（相当于现在的预备役）。元昊的兵种有步兵、骑兵、炮兵、"擒生军"、侍卫军等，其中最能战斗的骑兵称为"铁骑"，有三千兵马，分十队，各队都有队长，皆由骁勇的士兵组成。战斗中由冲锋陷阵的"前军"骑好马，披重甲，使刀砍不入，用钩索绞连，即使死于马上也不坠马；这和后来金国人所用的"拐子马"相类似。炮兵部队的炮手称"泼喜"，有二百多人。元昊时西夏炮是驼鞍上安装的旋风炮，发射石块，这就是后来被成吉思汗改造并称作"旋转式驼峰炮"的前身。"擒生军"是后勤和警卫队的总称，由十万人组成。首都设两万五千精兵担任卫戍，副兵七万，专门为卫戍精兵服务。侍卫亲军是由擅长弓马技艺的豪族青壮年充当的宫廷值勤兵，计五千人，由元昊亲自掌握。卫戍军和侍卫亲军都佩戴

西夏黑水城铁鹞军武士像

国书铜碑标志。元昊在全国设十二监军司，分为左、右厢，并把各司的指挥机构与地方性防卫措施相结合，各地方军都有名称和规定的驻地。各监军司的首领设都统军和副统军、监军使各一名，均由党项豪族出身的贵戚担任；他们的下面设有指挥使、教练使、左右侍禁官等数十人，由党项人和汉人担任。

元昊于公元1033年正式称帝，国号"大夏"，这年他三十岁。封群臣后，元昊为祖宗封了谥号，祭祀天地并赴西凉州祀神。第二年，向宋朝派使者论述自己称帝的合法性。

元昊的一生，文治武功卓著，先后征服了回鹘、吐蕃，统一了河西，对宋辽战争亦取得显赫战绩。元昊能够取得这些功绩，和他知人善任、延揽人才有着极为密切的关系，一大批有才能的儒士团结在元昊周围，为他出谋划策，造就了西夏的强大，并为中国历史上辽、宋、夏三足鼎立局面的形成，打下了基础。

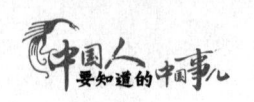

张元、吴昊墙上题名得重用

自古以来，我国的各个民族在文化方面互相学习、互相渗透，形成了"你中有我，我中有你"的局面。西夏王朝的兴起和发展就得益于不少中原儒士的大力支持，这当中的精彩故事不胜枚举，张元、吴昊就有独特的经历。

宋朝景佑年间，随州有两个人，一个叫张元，另一个叫吴昊，两个人同时参加科举考试，都名落孙山，他们对宋朝的科举取士制度非常不满。张元去知府衙门击鼓喊冤，递上诉状。谁知却由于当时宋王朝官官相护，案子判下来，竟落得个诬告考官的罪名，被打得皮开肉绽，从此流落街头、无家可归。这时，张元遇见了同乡学友吴昊。两人来到一个小酒肆，吴昊请店小二拿来两盘小菜和一壶酒，两人边喝边商量今后的生计问题。吴昊说道："西夏的国王元昊网络人才，不少人到兴庆府找到了差事，我俩也前去一试吧？"张元说："听说宋夏两国正在打仗，我俩先去边帅夏竦（sǒng）的军队里找个差事做，也不枉十年寒窗苦读，你看怎样？"吴昊表示赞同他的观点，两人在落魄中重新燃起了希望，吴昊决定先去借些盘缠，商定第二天早晨在城外的大路口集合。

第二天，两人晓行夜宿、饥餐渴饮，来到了边关元帅的军营附近，想投营又没有人引荐。两个人合计了一下，抬来一块大石头，把各自的"述志诗"刻在上边，花钱雇了几个身体强壮的小伙子拖着大石头在街上来回游走，他二人跟在后边痛哭流涕，他们想用这种方式引起行人的注意，去报告边帅。

张元和吴昊满以为用这种方式可以引起边帅的重视，谁知那夏竦却无动于衷，张元、吴昊遭到了冷遇。于是，他们下定决心西出国境，投奔夏国。

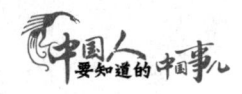

经过长途跋涉，历尽千辛万苦，两个人终于来到了兴庆府地界，晚上在一个客栈里住下，思索着投奔夏主、使其重用自己的办法。其实，原来他俩本不叫张元、吴昊，只是当时为了想个出奇的办法，引起元昊的特别注意，才将元昊的名字拆开，更改了名字。

这一天，张元和吴昊来到了兴庆府最繁华的大酒楼狂饮了一天，临走时借了店主人的笔墨，大笔一挥，在墙壁上题写了"张元、吴昊，来饮此楼"八个大字。那苍劲有力的墨迹引起了所有客人的注意，恰巧也被两个正在巡逻的士兵看见了，立即飞报元昊。元昊闻讯后，下令让士兵将两个喝酒的狂徒抓来。巡逻的士兵跟踪到客栈中，把他们两人捆绑起来送到元昊的宫殿中。元昊看他们穿戴像是宋朝的文人，就问："为何来到我们夏国，又何故触犯我的名讳，难道不怕我问罪吗？"他二人同时大声说："连自己的姓都不理会的人，还讲究什么名讳？"元昊听了，知道这两人非寻常泛泛之辈。原来元昊给宋朝皇帝呈送的表文中仍然用着李姓，那是宋朝皇帝赐给他们家族的姓氏。这一下元昊被问得无话可说，立刻为他二人解开了绑绳，以宾客之礼相待，当时就授给两人官职，二人便留在元昊的朝廷里当差。

张元和吴昊二人都精通五经四书，有善于辩文说理之特长。张元还精通治国用兵之韬略，元昊非常喜欢他们，不断晋升他们的职务。不久，张元就从中书令提升为国相，可谓是一人之下、万人之上，他的远大志向终于得以施展。张元、吴昊投奔夏主被提拔重用的消息，传到了宋朝皇帝那里，宋朝皇帝想把他俩召回去，便对他们的家人采取了怀柔政策，赐给他们钱粮，并安排张元的弟弟张起、侄儿张秉彝、张仲经做了官，让他们写信叫张元、吴昊返回宋廷，但当皇帝知道这一切都是徒劳时，就恼羞成怒，把张元、吴昊的家人统统关押进随州监狱里。

消息传到了张元、吴昊那里，他们上朝请求元昊恩准接回家属。元昊说："你们自己想办法，朝廷支持并拿出资金相助。"张元、吴昊就派出细作，打扮成宋朝人，混进随州城，假传宋朝皇帝的诏书，接走了张元、吴昊的家人。他们来到夏国边境的时候，元昊为他们举行了一个非常热闹的欢迎仪式，隆重地将他们迎接到兴庆府。此后，这事在宋朝边境和随州传开，大宋朝许多不得施展才华的文人及武士们纷纷投奔夏国，使得夏国日益强盛起来。

张元任夏国国相后,有一天,元昊问他治国的方略,张元提出,向西先攻取陕西地界,把大军驻扎在潼关以及宋朝的京城附近;向东面出奇兵牵制住宋朝的军队,让他们无暇出兵;北面联合契丹,保持联姻,取得契丹人的信任;暗地里窥视河北方面的动向,鼓动契丹攻打宋朝;夏国就能从中渔利,并能主动进攻、兼顾防守。张元的这一策略为西夏王朝的发展起了很大作用。

公元1042年,元昊派出军队进攻宋朝。张元在中军帐为元昊出谋划策,他认为,当时的宋朝把精锐部队都集中在边防各个关隘、重镇,关中无部队设防,内部空虚。如果派出重兵围困住宋朝的各个边城,不让他们的军队出战,抽出部分精锐部队杀入关中,向东阻住潼关,夏国军队就可以直达长安。

元昊按照张元的计谋,集中了十万兵马,分东西两路杀入宋朝境内,与进攻宋朝的镇戎军一起大破宋军,并乘势南进,直达渭州,打了一个非常漂亮的大胜仗。

张元为元昊的军队草示布告,布告上写道,元昊现在亲自领兵来到了渭州,马上就要直抵长安,宋军如果识实务,就该尽早来商议投降的大事。

在进攻好水川的战役中,张元为元昊谋划的攻略都在实战中发挥了决定

唐代画家王维所绘《长江积雪图》(局部)

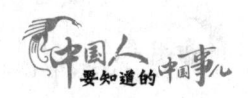

性作用，使夏国的军队大获全胜。有一天，张元来到界上寺中，在寺的墙壁上挥笔题写了一首诗："夏竦何曾耸，韩琦未是奇。满川虎龙辇，犹自说兵机。"诗后的落款是"夏国太师尚书兼中书令张元随皇驾亲征到此"。当年的宋朝边帅夏竦现任宋朝户部尚书兼陕西经略使，看了那诗，知道这张元就是刻石求见边帅的宋儒，意识到自己放走了一位奇才，非常惭愧后悔。不过他还是自作聪明，在陕西边界贴出了告示说：谁要将元昊的首级献来，重赏五百万贯。元昊知道后，由张元安排细作，扮成商人，到宋朝边城的集市上去散发告示，并故意在集市小摊旁丢下一个小木箱，拣到者打开一看，是一张布告，上面写着："谁得夏竦首级，赏钱三千文。"当那张布告献到夏竦手中时，这事已经传遍了大街小巷。五百万贯与三千文相比较，夏竦已经相当不值钱了。

　　后来，张元由于劳累过度，背上长一毒疮，经医治无效，于公元1044年毒发死去，吴昊的所终无文字记载。

　　从张元和吴昊的经历可以看出，夏国的强盛靠的是宋朝儒士，这也说明夏、宋的文化是相辅相成、互相渗透的。在我国的发展中，各民族相互之间这种交流与融合的关系，促进了中华文化的不断进步。

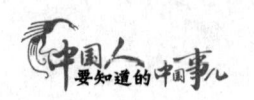

完颜襄修筑界壕

在我国北部的内蒙古自治区境内,有一道古老的东北至西南走向的防御工事,自呼伦贝尔盟的尼尔基镇,向西南延伸,经哲里木盟、赤峰市,到乌兰察布盟的庙沟乡,绵延在北方的广阔地域中。虽然经过了多年的风化和日晒,多数地段因风沙淹没,在今天已失去了以往的英姿,但从现存的遗迹仍能想象出它昔日的风采。这就是塞外草原上有名的金代长城,又名金界壕,也被称为明昌长城或是兀术长城。过去由于人们不了解,一直把这里误称为"成吉思汗边墙"。这段金代长城,全长三千五百余里,是我国重要的文化遗迹。同万里长城一样,金界壕修筑时也有着许多美丽动人的历史故事。

在我国宋代的时候,北方金国有一位著名的将领名叫完颜襄。他是一位杰出的军事家,青年时代就表现出了非凡的军事才能。因在金国与契丹的交战中屡立战功,完颜襄二十三岁就当上了亳州刺史。

公元1162年,南宋起兵讨伐金国,完颜襄被任命为颖(yǐng)、寿都统。有一次,两军相遇,扎下营寨后,他只率领着两千人马迎战宋兵,竟然打了胜仗,大败宋兵五千,创下了以少胜多的佳绩,并收复了被宋兵攻占的颖州,擒获了宋兵的统帅杨思。后来,完颜襄又率兵进军濠州,两军在横涧山对阵。完颜襄浑身是胆,率领士兵猛冲宋军阵角,奋勇冲杀,虽然膝盖中了一箭,但是仍泰然自若地继续指挥进攻,最终攻破横涧山,活捉了宋军的指挥郭太尉。紧接着,左副元帅志宁进攻滁(chú)州,完颜襄又充当先锋官,他率军一到清流关,属下就捉到了几名宋军的探子,经审问得知宋兵要夜间三路出兵,偷袭金军营寨。完颜襄为志宁献了一计:现在金国部队兵将少,地势又不利,必须马上攻占清流关,否则宋兵攻时将

宋朝人画卷中的金国重甲骑兵

无法防守，后果很难设想。志宁采纳了他的建议，命令他领兵尽快拿下清流关。完颜襄率领着两千骑兵，分为两队，从两条路出击，一队由大路直接向前进攻，另一队由他率领抄小路偷袭。这时，宋朝的军兵正集中力量忙于防守正面的金兵，等到发现了完颜襄率领的大军抢关时，已经晚了，清流关随被攻克。元帅志宁巡视战场时，不由得对完颜襄非常佩服，赞赏有加，认为他在不可战胜之地打败了敌人，称赞他是天下的英杰。志宁晚年得了重病，不能统兵打仗，便郑重地向金世宗推荐完颜襄为领兵统帅。他认为完颜襄智勇双全，有经世之才，若破格提拔重用，一定会比老臣强。

又过了几年，金世宗病死了，他的孙子章宗继位。不久，北方的蒙古各部因反对金朝的民族歧视政策，不断奋起反抗，经常兴兵骚扰金国的边境地区，严重威胁着金国；再加上左丞相夹谷清臣防御无方，章宗就命完颜襄为统兵大元帅，到边境上去保卫国土，抵抗蒙古军队。完颜襄率领军兵驻扎在临潢，经过认真研究，他决定将军兵分为东、西两路，自己亲率西路大军向西出击，东路军向东面出击。但是当东路军走到一个叫龙驹河的地方，误入了蒙古大军的包围圈，军兵苦战三日仍无法突出重围，形势非常危急。完颜襄接到急报后，命令大军停止前进，准备立即救援东路军。其手下一名将官劝他等大军完全集齐后再出发。完颜襄却有不同看法，他认为东路军已经被围数日了，马上施救还怕来不及呢，哪里还能再拖延？于是，完颜襄果断下令鸣鼓，连夜拔营出发。救援的途中，手下又提出应先派人通知被围的军队，让他们知道援兵到了，完颜襄却说，假如报信之人被敌人捉去，让对方知道自己兵少而且粮食未到，岂不前功尽弃？于是，他命令军兵火速前进，不得停留，要在天亮以前接近敌营。众将请求先休息一下再战，可完颜襄认为，自己之所以命令部队连夜飞奔，是想打蒙古人个措手不及，于是他命令军兵趁黎明时马上出击。被围困的将士们听到援兵来了，从内猛向外攻，内外夹击，打得蒙古兵大败，丢弃

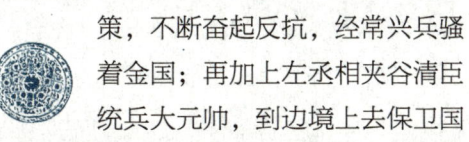

了帐篷、物资和牛羊，仓皇逃走了。这次作战，金兵大获全胜，他们的功绩被刻在了九峰石壁上。完颜襄因指挥有方，立下首功，被升任左丞相。

不久，蒙古军兵又来进犯边境，完颜襄上书朝廷，要求使用金世宗时治堡的办法，用步卒穿越壕障作为阻挡蒙古骑兵的工事。当时朝廷内意见不统一，有的人认为此举劳民伤财，不宜实行。完颜襄针对这些议论，上奏章宗，指出现在虽然耗费钱粮较多，但这项工程一旦修筑完工，既可巩固边防、缩减军队、每年节省军费三百余万贯，更可缓解老百姓的运输之力，是一件一劳永逸的好事。章宗采纳了他的意见。于是，完颜襄顶烈日、冒风沙，亲自上阵，督促士卒，还招募了不少饥民服役，军民齐心协力，只用了50天

清代画家关槐所绘的《上塞锦林图》描绘了我国长城以北塞外的锦绣风光

工程就竣工了。接着朝廷又命令西北、西南各路都照此样修建,在宋朝边境上,形成了一条针对蒙古各部的漫长的防御体系。界壕在当初的设计上打破了中国以往历代长城的传统模式,根据蒙古骑兵的驰骋、越障、疾速猛冲几个特点,采取构筑外壕、外墙、内壕、内墙的四重防御体系,全部宽度四十米,内墙上每隔六七十米修筑一土堡,为哨兵瞭望用;土堡之间前后位置相错,易于在作战时左右开弓;沿途每相隔十华里左右修筑起一个大土城,每城能住四五百人。界壕这一防御工程的修建,前后共用了几十年的时间。

完颜襄由于屯兵临潢、抵制蒙古兵、修筑边堡界壕,成了大金国赫赫有名的战将,远近闻名。但是他主持修建的边堡界壕这一庞大的防御工程,耗费了几十年的时间和庞大的人力、物力,并没有发挥出他想象的巨大作用。在成吉思汗的铁骑南侵金国时,这道防御体系成了摆设。金国被消灭以后,界壕失去了作用。然而,界壕是我国古代劳动人民智慧和血汗的结晶,每当看到它,人们就会想起一个名字——完颜襄。

火药在蒙金汴梁战争中爆发威力

火药自应用于军队以来，发挥了很大作用，有时决定着战争的胜负。我国古代很早就有战争实例，这里说的是蒙古和金国的军队大战汴京的故事。

公元1232年，蒙古的速不台军正在围攻汴京城，金哀宗见败局已定，就在城池被攻破前，拿出宫中所存的全部金帛酒肉，犒赏军兵，减少御膳，罢免冗官，释放宫女。他已作了最坏的打算，这种"垂死挣扎"显示了几分不屈不挠的精神，也算应了"可哀痛"的皇帝之名。

这一日，哀宗下了诏令，命人在龙德宫造炮石，杨唤等百余名太学生也被工部抓来当了炮夫。工部的负责人问哀宗，造炮石的原材料已经用完了，到哪里去取？哀宗说："取皇家园林内的太湖石、灵璧假山的巨石。"工部就下令拆毁了假山，不少百姓也被抓来运石头，石头运来后被加工成大小一斤重的灯毡般的圆石头，谁制得不合规格，就要遭到鞭打，被打的人哭天喊地，哭嚎声响彻宫廷院落，与蒙古军队攻城的呐喊声、两国军队的厮杀声混在一起。

围城的蒙古军兵也用炮轰，他们的炮石是用打破的大磨盘、大碌碡（碌碡：liù zhóu，农具，用石头做成，圆柱形，用来轧谷物、平场地，也叫"石磙"）制成，一个大碌碡只能制两三块炮石。汴京城内外日夜响声连天，城内已经断粮，做工的人们忍不住饥饿，就偷跑到城外，从泥塘里挖水草根吃。

汴京城的四周布满了日夜防守的军兵，四个城角上都各自放置了一百多门石炮。炮夫们日夜运送炮石，不几天炮石就堆积得比城墙还高。城楼上布满了楼橹望台，台子由皇宫和其他大建筑的梁檩（lǐn）搭成，这些梁檩都是两人合抱之木，用马粪麦秸抹涂，用网索旃（zhān）褥包裹，外用牛皮作

宋徽宗赵佶所绘的《瑞鹤图》描绘了汴梁宣德门上十八只丹顶鹤翱翔盘旋的情景

障。可是被蒙古军兵用炮一轰，这些可燃物立马就燃烧起来，夜间照得城墙上火光通明。

　　金国的参知政事、权臣枢密副使赤盏合喜守卫的汴京城西北角，受到了蒙古军猛烈的攻击。赤盏合喜吓得面无血色，惊慌失措。哀宗派军士送去了慰劳品，并几次亲临车驾予以鼓励。军士们士气激昂，奋勇争先地厮杀着。赤盏合喜以及各城角的指挥官都使用了火炮，那火炮叫"震天雷"。震天雷形如合碗，顶上有个小圆孔，只能容下小指，铁罐内装火药，用火点燃，炮起火发，响声震天，如霹雳一般，百里之内都能听见。每一炮放完，冒出的火焰可以熏掩半亩地，落在铁甲上可把铁甲烧透。

　　蒙古的军兵到城墙下挖掘墙洞，里边钻进士兵，再用牛皮覆盖上。城上的金兵一时也奈何不了他们，有个排头兵想了一个办法，向赤盏合喜建议，如果用铁绳悬起震天雷，顺城放下去，到蒙古军士掘的墙洞外让震天雷发火，人和牛皮盖子就会被炸或被烧。赤盏合喜立即报告给哀宗，哀宗便下诏令，命军士找来铁绳在城墙上将震天雷往下放。一时间便有几处蒙古军所掘的洞龛（kān）被炸。速不台则命令弓箭手专防悬雷，只要看到有震天雷顺城而下，先瞄准放雷手放箭，一时间射倒了不少放雷手。

　　城内有制作兵器的军匠作坊（相当于现在的兵工厂），专门制作飞火枪和震天雷。飞火枪是用厚纸卷成的筒子，筒内装上柳木炭、铁渣、硫磺等药物。士兵用绳子系上枪端，每个士兵的腰间各挂一个小铁罐，里边藏着火种，冲锋的时候点燃火枪，火焰可达丈余，火药烧尽，而枪筒暂时不被损坏。赤盏合喜等连续用飞火枪、震天雷、石炮打击蒙古兵。攻防双方连续战斗了十六个昼夜，不分胜负，人员伤亡都不少，谁也没有得着便宜。持续的战斗最终迫使蒙古军队的统帅议和撤兵。《金史》中明确记载了这次战役双方死伤的人数，"以百万计"，尽管这个数字不十分准确，但也能说明汴京保卫战的规模之大、战斗之激烈。

到了天兴元年（1233年）五月，金蒲察元帅派军士450人，携带着飞火枪夜袭了蒙古军营，在王家寺（河南商丘南）战役中大败蒙古军队，蒙古军死伤惨重，溺水淹死的士兵达3500人。

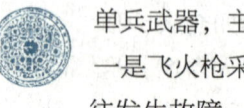

飞火枪作为当时最先进的单兵武器，主要适用于平原地区的战斗，但其也有不少缺陷：一是飞火枪采用纸卷筒，寿命不长；二是有时因潮湿，点火往往发生故障，行军中点火也不方便。后来随着军事技术的不断进步，这种飞火枪改进为竹筒突火枪、铁火铳等。

尽管汴京被攻破的命运没有改变，但是汴京保卫战中的火器施展了巨大的威力，成为中国古代军事科技文化进步中的重要转折点。

中国古代兵器——火车

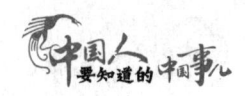

丘处机万里拜见成吉思汗

看过武侠小说《射雕英雄传》的人,都知道书中的主人公杨康有一位武艺高强、为人正派的师傅——号称"全真七子"之一的丘处机。而真实的历史当中,丘处机是何人,又有什么成就呢?

丘处机(1148年—1227年)被称为"丘真人",字通密,号长春子,后由世人赠号长春真人,出生在我国南宋时代,是山东登州栖霞人士。他于十九岁在宁海昆仑山(今牟平)出家,师从王重阳,和其他六个师兄弟合称"全真七子",他们是:丹阳子马钰(yù)、长真子谭处端、长生子刘处玄、长春子丘处机、玉阳子王处一、广宁子郝大通、清静散人孙不二(马钰之妻),"全真七子"跟随恩师王重阳一起创立了道教全真派。

丘处机在王重阳去世后入磻(pán)溪穴居,历时六年,由于他外出时都携带着簦笠,所以人们称他为"簦笠先生"。后来,他又到饶州龙门山(今宝鸡市)隐居潜修七年,成为了全真教龙门派的创始人。

丘处机深得金朝皇帝的信任。金国大定二十八年(1188年),金世宗在燕京(今北京)召见丘处机,向他学习道教,并让他主持了万春节醮(jiào)事。金世宗死后,章宗继位。贞佑二年(1214年),丘处机主动向朝廷请命,招安了山东义军杨安儿的人马,受到了章宗皇帝和朝廷的器重。他在兴定三年(1219年)到莱州居住,南宋朝廷及金国先后遣使去请,他都没有赴约。

此时,成吉思汗率领着他的蒙古铁骑东冲西杀,南征北战。公元1219年春,大军到了也儿的石河畔,成吉思汗在他的远征军行帐里召集将领们召开军事会议。会议结束后,开会的将领们刚刚离去,突然有一个人急匆匆

丘真人本像

闯进了行帐，正是近侍刘仲禄前来献药。刘仲禄说，山东栖霞人丘处机，已活了三百岁，是个老神仙，有长生之秘术，请可汗召请。成吉思汗立即请耶律楚材拟了诏书，诏书中成吉思汗将人才比作协助渡大江、大河的舟楫（jí），提出听说丘处机德高望重，邀请他前来做官，并派刘仲禄特地去请他。诏书中表现了成吉思汗求贤若渴，急于见到丘处机的心情。

成吉思汗真是为长生不老而召请丘处机吗？他的真实意图，正像诏书中所写的那样，是想笼络住这位全真教的大首领，给他一个官职，让他为蒙古大军南下服务，争取原金朝北方辖土以内的道教教徒归顺。

丘处机这年七十三岁，在中原道教中声望很高。宋金两朝，山东李全、彭义斌等多次去请他，他都没有去。他对门徒们说，自己到哪里去，是由天定的，该去的时候，自然留也留不住。这一日，刘仲禄持诏书来到了丘处机的居住地，请他出山，他居然很痛快地答应了，并带着18个门徒，万里跋涉，不辞劳苦地来到成吉思汗的驻地。正如丘处机自己所说"该去的时候，自然留也留不住"，也就是说这是"天时"。他要弘扬道教文化，得找一个像成吉思汗这样的人做靠山。成吉思汗信仰的"长生天"与道教宣扬的"天"相似，因此成吉思汗要邀请丘处机；丘处机也早已得知成吉思汗对各种宗教一律优待的态度，特许他们不纳赋税。两人一拍即合，从此，一幕政教结合的历史剧正式上演了。

公元1222年，成吉思汗召见丘处机时，问了他三个问题，即有关"治国理家、震雷和长生之术"。丘处机回答：治国的根本，是要得到人民的信任和拥护，如果靠滥杀无辜，就得罪了上天。敬天保民才是治国的最好方法；震雷，是国民中的不孝父母者，惹怒了上苍，用雷震他，杀一儆

（jīng）百；这世上没有长生不老的药，却有讲究卫生的方法，节制性欲保重身体。成吉思汗听了丘处机的话，认为他说的都是大实话，所以听他说没有长生不老之药，也并没有为难丘处机，还热情招待了他和他的门徒们。成吉思汗赐以丘处机"神仙"的称号，爵大宗师，掌管天下所有的道教。

公元1211年，萨满教的首领"通天巫"阔阔出因为犯上作乱、篡权夺位，被成吉思汗下令斩杀。公元1218年，成吉思汗从陕西的俘虏中解放了禅宗教首领海云和尚，还授他"告天人"的称号，命令他统领释教；并且优待全国的一切佛教徒。这些事情，都体现了成吉思汗的宗教政策，他把宗教当做一种意识形态，通过宗教宣传结合"汗权"与"天道"，极有利于巩固政权。因此，成吉思汗时期对文化扶政的社会作用，是历史上发挥得最好的。

公元1223年，丘处机申请东还。成吉思汗提出，丘处机作为"神仙"，要管好天下所有的出家人，每日里为他诵经祈福，并免除出家人所有的赋税，全真教由此在我国北方获得了最优越的地位。在以后三四十年内，全真教在和林修筑道院，并扩建了重阳万寿宫，广收门徒。到最后，男女门徒有三十多万，全国各地道观林立。虽与佛教发生了一些摩擦，但在北方长期维持着"设教者独全真家"的局面。

丘处机后来去了西域，从西域回到中原后，住在燕京的太极宫。成吉思汗派人转述了他的思念之情，说自从"神仙"走后，他天天都在想念，在成吉思汗的土地上，丘处机住在哪里都行，只要每天和门徒们为他诵经祈福，他就高兴不已。

丘处机在燕京扩建了长春、天长、平等、明真、灵宝、长生、平安、消灾等八个大道观，全国各地的道人来求法名者越来越多。成吉思汗的看法是，人们信奉道教，比犯上作乱好多了。基于这样的政策，道教文化有了长足的发展。

成吉思汗接见丘处机时，曾经问过他多大年纪，他回答"不知道"。后来被耶律楚材说成"丘处机欺君罔（wǎng）上"，还写了《西游录》给他列了10条罪状，说丘处机并非"真人"，实际是个骗子。

到了忽必烈统治时期，元朝也一直奉行成吉思汗时的宗教政策。禅宗教和道教尽管都没有被取缔，但是地位却都不及藏传佛教了。

在众多道士中，有不少道士具有相当高的文化水平，丘处机也算是一个了不起的大诗人，他在西游期间写了不少优秀的诗篇来赞美成吉思汗征西域后的景象。成吉思汗邀请丘处机西游，本没有让他当观察员的意思，然而他的诗作恰恰反映了成吉思汗征西域的"后果"。诗中记录下战争过后西域令人惊叹的发展。耶律楚材原本与丘处机的观点不同，然而在赞美西域的诗作方面，思想观点却很一致，认为西域的人民像迎接救世主那样拜谒成吉思汗。丘处机万里拜谒成吉思汗的真实故事记录在李志常撰写的《长春真人西游记》里，很值得后人一读。

萨班大师归附蒙古

公元1244年深秋的一天，西藏的萨迦寺院内忽然传来一阵马蹄声，坐在蒲团上念经的喇嘛们受到了震动，喧闹的诵经声、鼓声、长筒喇叭声、铜铃声戛然而止，殿堂内闯进来几个陌生人，他们向喇嘛们询问萨班大师在哪里。

有两个领头的人指挥着随从们把礼物抬到殿堂内，向为首的喇嘛自我介绍说："我们名叫多尔斯衮、本觉达尔玛，是蒙古阔端王子从凉州派来的使臣，请大师点收赠品。"只见那礼品是：镶嵌（qiàn）着6200粒珍珠的袈裟、白银5大锭、五色锦缎20匹、硫磺色锦缎长坎肩、环纹缎、团锦缎缝制的靴子各一双。多尔斯衮把阔端王子的来信呈文交给了萨班大师。原来使臣的目的是邀请大师去凉州会晤，商讨西藏归附蒙古的大事。

阔端这般郑重地邀请萨班，其因由还得从头说起。

公元1235年，即窝阔台消灭金国的第二年，大蒙古国将西夏和甘肃、青海的部分藏族地区赐给了阔端王子作领地。

公元1239年，阔端王子派大将多达那波率领蒙古军队进攻西藏，烧毁了西藏的热振寺和杰拉康寺。蒙古军攻到藏北时，在拉萨河上游遭到了藏军的顽强抵抗，被止贡寺藏军打得大败。因为西藏地处险远，易守难攻，所以很难被占领。

公元1240年，多达那波回到了凉州。这时，由于窝阔台身患重病，阔端王子返回和林。公元1241年，窝阔台逝世期间，阔端王子无暇顾及进攻西藏。后来阔端从和林又返回了凉州，把多达那波和杰曼请来按照父汗窝阔台的临终嘱托，实施经略西藏的策略。他说，大蒙古继承先祖的遗志要统一中国，而西藏地处偏远，西藏军民骁勇剽悍（piāo hàn），只有按照他们的习俗征服他们。听说萨班在僧俗民众中有很高的声望，先争取他归顺，叫他统领西藏地区，不对西藏诉诸武力，这是解决西藏问题的最好办法。

阔端还命令多达那波和杰曼带着的礼品和劝降书，说服萨班来凉州商讨西藏归附大事。多达那波提出自己同时率兵前往，软硬兼施，这样萨班一定会来见阔端。这便是多尔斯衮面见萨班的缘由。

萨班是个怎样的人物呢？他博学多识，精通文学，著述颇丰，后人曾编辑了他的著作《萨班全集》，内容涉及宗教、逻辑、语言、医药、修辞、音韵、乐理等各个方面，他是一位真正学富五车的学者宗师。

自从蒙古大军进攻西藏以来，社会动荡，人心惶惶。萨班大师怜悯（mǐn）众生，几年来都是心事重重，虽没有亲自出击蒙古军，却每日里奔波于施主之间，以作佛事来减轻思虑。接到阔端的来信后，他反复读着，陷入了深深的沉思。四年前蒙古军攻打西藏的军事行动，给他留下了深刻的印象，好像就在眼前。虽然蒙古军暂时退去，但藏民的死伤却很惨重。萨班大师知道，想抗拒这横扫欧亚大陆的强大骑兵，只能沦落到与西夏、金、中亚、斡（wò）罗思人惨败的同样下场，面对劝降书，他已经有了几分动心。然而一想到目前自己已是年高体弱，去凉州拜会阔端，漫长的艰苦旅程在等待着他，他知道那绝不是轻而易举的事。再看那信中说："若是你以年迈为借口不来，那么以前释迦牟尼为芸芸众生做出的施舍牺牲又有多少？对比之下你岂不是违反了你学法时的誓愿？你难道不惧怕我依边地的法规派遣大

萨班贡嘎坚参唐卡

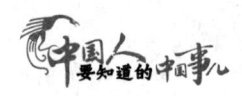

军前来追究会给无数众生带来损害吗？尽快前来，我将使你管领西方的僧众。"这些话使他的心情更加沉重，促使他尽快做出了抉择，说服众人，投降蒙古。

萨班大师把两位使者及一行人安排在寺院内。第二天，他对使者说："弱者如果能靠上伟人，乃是获得成功的基础；水滴虽然是微小的，若流入大海便强大了。"毅然表明了他的态度。萨班决定带着他的两个侄子到凉州与阔端会晤，他不愿意拖延时间，来到拉萨后，他派八思巴和恰那多吉先到凉州，自己在后边联络西藏各个教派的首领们，向他们陈说利害，极力规劝降蒙。做通了各教派的工作后，他跋涉数千里，终于在公元1246年到达凉州。

不巧的是，当时阔端已经回和林参加选立大汗的"忽里勒台"大会。萨班在凉州等他回来，直到第二年才与阔端订立了西藏归附蒙古的协约。谈妥条件后，萨班先后两次写信给西藏各地僧俗首脑，这就是日后著名的《萨班致藩书》。萨班作为教法大师、著名的学者，在这个过程中表现出了极为开明的政治家风度，发挥了促使祖国统一的历史性作用。他在信中极力宣扬蒙古军事力量的强大，说明大蒙古国对西藏降后的政策，规定了乌拉制度，指明了清查户口的意义及每年进贡的物资、时间等项事宜。萨班顺利完成了和谈使命，他对加强民族团结和祖国统一、蒙藏文化融合做出了卓越的贡献。

萨班大师政治思想鲜明，在《萨迦（jiā）格言》中，他写下了475首格言诗，陈述他的政治意图和主张、思想和情操。他的以佛治国，建立政教合一体制的思想在西藏产生了深远影响。他多次向大汗宣传施仁政的好处，反对杀戮。他认为只要有官逼，就会有民反。他主张轻徭薄赋，君主收税要遵循合理的途径。他主张选人、用人要选贤任能，反对出身于贵族的人承袭父职，认为不学无术、昏庸无能之辈掌了权，只能为社会带来弊端。萨班大师以他极高的政治素养，为西藏和平归顺蒙古和国家的统一，立下了汗马功劳。

萨班大师的《萨迦格言》在蒙古人中也产生了很大影响，尤其是用勤学求知之道激发蒙古的青年学者。他主张，就是明天要死的人也要学习；认为今生不能成为学者，就好像为后世蓄存钱财，还归自己取用一个样。这些有

萨迦派皈依
镜唐卡

益的教言都是他自己在实践中的亲身体会。

　　为了方便他的生活和传教，阔端王子在凉州为他修建了幻化寺。公元1251年，萨班大师圆寂于凉州，享年七十岁，元朝的统治者建立了灵塔来纪念他。据史书记载，萨班曾为蒙古人创制了锯齿形蒙古字，对蒙古文化的发展做出了一些有益的贡献。在西藏归附祖国、实现统一的多民族国家方面，萨班大师功绩赫赫；到了忽必烈时代，西藏地方政权制度健全起来，此后西藏成了中国不可分割的领土。

阔端王子和萨班大师的会晤，促使西藏归附为大元一统，结束了西藏四百年来分裂割据的局面，建立了西藏政教合一的地方政权，确立了封建农奴制度，阻止了一场大规模的战争，为保障西藏人民的正常生产生活和经济发展奠定了良好的基础，促进了社会的发展。他们的历史功绩，在中国历史上留下了光辉的一页。

太祖建炮兵，大元造火炮

在成吉思汗漫长的打江山的过程中，他的蒙古大军南征北战、东讨西伐。然而，蒙古军队之所以能在战争中横扫万里、势如破竹、战无不胜，一是依靠蒙古铁骑，经常在战争中搞闪电式的进攻；二是依靠炮兵部队，在攻打城池时，将炮兵的作用发挥得淋漓尽致。正是因为有了这两大法宝，蒙古军队才取得战争决定性的胜利。

在成吉思汗的军兵中，有一位名叫八剌忽得氏孛合出的，他和儿子崦（yān）木海，一起随成吉思汗统一诸部征战有功。在大蒙古国建立一年后，可汗打算征讨西夏国，召集各路将领研究讨伐之事，崦木海对所研究之事有独到的见解。可汗见他出言不凡，就问他攻城略地以什么为先？崦木海回答，攻打城池应以炮石为先，力量重而且打得距离远。可汗非常高兴，便下命令叫他造炮。公元1214年太师木华黎出征时，成吉思汗对他说，崦木海说攻城用大炮最好，你可让他发挥好炮兵的作用。于是木华黎就任命崦木海为炮兵司令，专门拨了资金，让他组建炮兵。崦木海选拔了五百余名强壮的士兵，加紧练习炮击技术。这支部队，就是成吉思汗时代最早的炮兵。

这一年，成吉思汗率领着他的军兵来到北口。燕人薛塔剌海率领所有部下共三百余人前来归降，可汗赐薛塔剌海佩金虎符，并任命他为炮水手元帅，他在以后的战斗中屡建奇功，晋升为金紫光禄大夫，为炮水手军民诸色人匠都元帅。

成吉思汗在征讨西夏国的过程中，发现西夏人使用的投石机和"勃利特"炮威力巨大，就命令炮兵军匠改造成固定在驼峰上的旋转式机动火炮。这种火炮在征战时，具有杀伤力大、集结迅速等特点，发挥了巨大作用。

成吉思汗不仅重视炮兵的建设，还重视其他兵种的建设。他任命清州张荣为领军匠，任命女真人高闹儿为总管，管领山前十路匠军。他们负责制造炮、舟楫（jí）、浮桥、云梯等装备，相当于现在的兵工厂。

成吉思汗是我国历史上一位天才的军事家，有经验、有技术的战术家，更是一位在战场上善于用兵作战的卓越战略家。无论在中原还是在西域战场上，他都将各种军事技术发挥得淋漓尽致。他命令拖雷在攻克你沙不儿的战役中，布置强大的炮兵武器：三千火箭发射器、三百射石机、七百抛射石油筒器，另外还有四千架云梯、二千五百个填壕沙袋。在强大的炮火攻击之下，你沙不儿城守军只坚持了三天就被蒙古军攻克。拔都、速不台的西征军，在斡（wò）罗思、波兰战场上也大规模地调用了炮兵。西方人认为，公元1241年蒙古人在战争中首次使用火箭制造了武器。

公元1272年，忽必烈在大都郊外视察了他的炮兵部队。当时已是深秋时节，阿老瓦丁和亦思马两位技术较高的炮匠，为忽必烈作了抛炮石演习。他们在一个直径10步的靶场外几百步远的地方安置着两个"回回炮"，巨木架的上端设有炮竿，炮竿后端挂着一块巨大的对重铁，六名军士从梢头拽着，将炮竿压下来，炮竿架下端用铁钩钩住，两名军士抬上一块150斤重的滚石放在抛石梢头上，另外一名军士用长杆子把钩子放开。只见炮竿后端巨铁迅速下坠，炮竿前端猛然升起，只听一声呼啸，巨大的炮石竟被抛到百多步外的靶场内，发出隆隆的响声。旁边的另一架大炮也试放了，炮石落点与刚才的炮石很近。观看完他们的演习，忽必烈便与两名炮匠总管进行了长时间的谈话，议题仍然是要想办法改进炮石技术。

公元1273年，在攻打襄阳的战役中，阿老瓦丁和亦思马因被派往襄阳前线，他们和元帅伯颜一起视察了襄阳城周围的地形后，决定炮轰襄阳。阿老瓦丁将7架大型炮安置在城东南侧的高地上，用150斤的炮石猛攻襄阳城，炮机发动，一连串炮石相继射进城内，一颗炮石打到谯楼上，响声震天。个别炮石落到空地上，竟能入地7尺，城里的军民都被吓得惊恐万分。

亦思马因病逝后，他的儿子布伯承袭父职担任了屯兵司令，当时叫总管。这时宋军的元帅依据长江天险派战船还击元军，布伯将炮兵置于北岸，一声令下，炮石和燃烧弹凌空射向了南宋的战船，不少船只被击中后沉没或

火砲（炮）

烧毁。但蒙古军将南宋炮兵的迎击。在明处，在一架炮放，蒙古军用船上就将南宋炮手打散下，蒙古军渡江成

公元1274年，高丽都督使金方庆征日本。他们在壹军经高之后，忽敦本天皇俊宇多亲自阻击，两军在博多兵迅速占领了有利地形并开炮射击，铁炮在火光中爆发，硝烟弥漫，日本的士兵死伤不计其数。剩余的残兵败将惊得目瞪口呆，吓得连连败退。当时在战场上的日本画家竹崎季长目睹战场景况图，还编写了《蒙古掩护步兵作战，多次打败日本兵废弹尽，只好撤回本国。

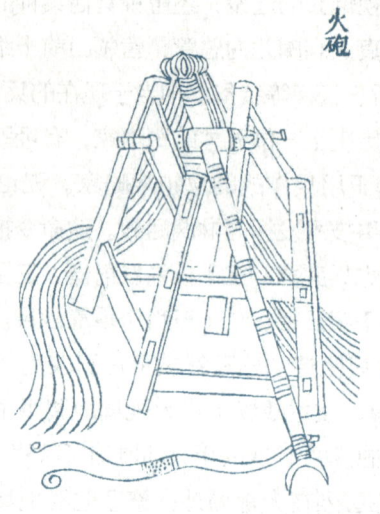

逼近对岸时也遭到南宋炮兵阵地显露下有几百人在施的小炮攻击，很快了。在炮兵的支援功。

元军的元帅忽敦、率军1.5万，联合远岐岛击毙了日本将元帅乘胜挺进，日率领精兵10万前来对垒交战。元军炮了元军火炮的威力，绘制了一张袭来绘词》。忽敦正确指挥炮兵兵，但由于众寡悬殊太大，最后

元朝领导人一直把炮兵建设、制造炮器工业当做大事来办。公元1282年，元政府设立了军匠万户府，相当于现在的军事工业部，布伯担任万户职务，他的弟弟亦不刺金后来又继任了军匠万户。博多战役之后，发射性火器引起了军事家们的重视。不久，他们又研制出一种金属管形火器。现藏于中国历史博物馆的元代火器铜炮是公元1332年制造的，这是世界上已发现的最早的一具金属管形火器；公元1351年元朝制造的金属火枪，是目前在国内发现最早的火枪。军事专家们一致认为，蒙古族在生产方面虽然落后，但善于学习和研究，能充分利用和吸取先进民族工业和兵器制造的技术成果，研制出了世界上最早期的金属管形火器。为元朝制作火器的汉人、西夏人都是一流的机械工人和火器研制者，中国的火器的产生是全国各族人民共同努力和智慧的结晶。

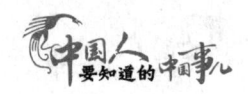

马可·波罗记录元朝繁盛景象

元朝处于封建王朝繁盛的时代，中西方交流逐渐加深，中国的强大吸引了许多外国人来华。

在元朝忽必烈统治时期，罗马教皇派波罗兄弟带领慰问团到中国访问，他们在中国期间，受到了忽必烈的亲自接见和热情款待。忽必烈在接见他们时，和他们交流了许多方面的问题，如：西方国君怎样位尊势隆，国土有多辽阔，怎样管理国家、设立法度，怎样来指挥军队等等。波罗兄弟对蒙古语言十分精通，他们不但能够讲一口流利的蒙古语言，并且遣词造句也非常得体准确，可汗对他们非常满意。宴会上，可汗向他们了解教皇的起居和工作、教会的事业发展、宗教的崇拜和基督教的教义等，还提出宴会主要是宴请二位先生并欢送出使罗马的科加达尔男爵，波罗兄弟完成使命后可以尽早回去，把自己的心意转达给崇敬的罗马教皇。

忽必烈请罗马使团转述他的请求，请教皇派遣既精通基督教义又谙熟技艺的学者们来中国，与国内的学者进行学术交流、弘扬教义，以证明基督教所宣扬的信仰是明白易懂的真理，优异于其他任何宗教；证明蒙古人信奉的其余的各种神灵和家里供奉的菩萨都是魔鬼，信奉这些邪魔绝对是错误的。忽必烈还特意请他们回国复命的时候，从耶稣基督圣陵的长明灯上，请一点圣油带回来，还让大臣修了一封蒙古文的御书，交付波罗兄弟呈交罗马教皇，并命令铸造一枚御书金牌赐给波罗兄弟，让使团启程。

访问团回到罗马后，向教皇转述了忽必烈的请求。为了回应忽必烈的盛情，罗马新教皇选派了两名知识渊博，既是文学家又是神学家和科学家的修道士尼古拉、威廉与波罗兄弟到中国工作。波罗兄弟按忽必烈的嘱托办好一应事务开始返程再次去往中国。他们经过三年半的艰苦跋涉,于公元1275年到达上都。

波罗兄弟中的其中一位这次带来了他的儿子马可·波罗。忽必烈看见这位英俊的年轻人风华正茂、仪态端庄,非常喜欢,恰逢当时元朝正在攻打南宋,需要参谋人员,忽必烈就把他留在了身边供职。直到公元1292年,马可·波罗在中国共留居了十七年。

到中国后,马可·波罗很快学会并精通了蒙古语和汉语,熟悉了元朝宫廷中的各种礼仪和行政机构中的法规,学习和积累了广博的中国文化知识。他除了在大都当差之外,还经常奉命到各省去巡查,有时也出使外国。他曾穿行山西、陕西、四川和藏民聚居区,到云南执行任务;也到过缅甸的北部,足迹遍及大江南北,长城内外。每到一处,马可·波罗都认真地考察当地的风土民情、物产资源等,回到大都及时向忽必烈报告,每次都能出色地完成任务。

马可·波罗在中国时曾任扬州总管三年,管理着24个县,他刚正不阿、处事公道,受到了扬州百姓的拥护和爱戴;后来又奉命出使南洋,到过越南、爪哇、苏门答腊以及斯里兰卡和印度。他博学多识,精通欧洲各国的历史,常被忽必烈召进宫内讲述欧洲各国的历史和现状。在交流东西方文化方面,他可以说是位宣传家,不仅为东方人介绍西方,也把在中国的所见所闻都写在了《马可·波罗游记》里,使西方世界进一步了解了这个东方的富庶国家——大元帝国。

一次,马可·波罗出使印度,刚回国的时候,正是伊利汗阿鲁浑因其妃卜鲁罕死去,遣使者来中国,请大汗选赐回族之女为妃,忽必烈马上命人选了鲁罕族女阔阔真赐给了阿鲁浑。阿鲁浑的使者得知马可·波罗等熟悉海道,请求大汗派他们一同护送阔阔真回国。忽必烈答应了使者的请求,同时还命马可·波罗等回欧洲转送他致罗马教皇和英、法等国国王的信件。公元1292年夏天,马可·波罗护送团六百多人,浩浩荡荡,分乘着14艘四桅帆船,从福建泉州港扬帆起航,用了两年又两个月的时间,到达了波斯。此时阿鲁浑已死,使者将阔阔真送给在阿卜合儿的阿鲁浑之子合赞,由他娶阔阔真为妻。

马可·波罗完成任务后继续西行,过了两河流域和高加索地区,由黑海乘船到君士坦丁堡，再沿着他们所熟悉的近东航道回到威尼斯故里。公元1295年冬，他终于回到了阔别二十六年的威尼斯。

公元13世纪，威尼斯和热那亚的两个意大利城邦，因为商业利益的急剧冲突，经常发生战争。公元1298年，马可·波罗参加了战争，不幸在战败后当了俘虏。他在阴暗潮湿的狱中口述了在中国的见闻，由比萨作家鲁思梯廉用法文记录了下来，这便是《马可·波罗游记》，又名《东方见闻录》。

公元1324年，马可·波罗七十岁时，由于疾病缠身，身体非常衰弱，他立下了遗嘱，安详地长眠于圣洛伦索教堂墓地。

《马可·波罗游记》是一本脍炙（kuài zhì）人口的"世界奇书"。它描述了马可·波罗东行时沿途一些国家的风土人情，记载了元朝初期的政事、战争和大汗朝廷、宫殿、节日、游猎等情况，讲述了北京、西安、开封、南京、镇江、扬州、苏州、杭州、福州、泉州等各地名城的繁荣景象，盛赞中国的物产丰富、文化繁荣；还介绍了与中国邻近的国家日本、缅甸、越南、老挝、暹罗、爪哇、苏门答腊、印度等国的地理、人文、物产等方面的情况。

这本游记使欧洲旅行家们开阔了视野，激起了他们钦慕和向往中华文明富庶而冒险远航的决心。后来，西班牙的旅行家哥伦布带着西班牙国王致中国皇帝的信前往中国。然而，他却在公元1492年东行时，无意中发现了美洲新大陆。这一世界文明中堪称"伟业"的壮举，正是在马可·波罗影响下实现的。

《马可·波罗游记》中所讲述的最有意义的故事是：在元朝的大都，凡是向朝廷乞求食物的人，一概不拒绝，可汗专设有施舍官，每天发给贫民面、米、粟等；国家对经常享受救济的人进行登记，这些人手中持有证书，

马可·波罗

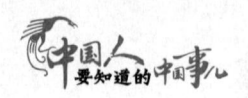

年年可以使用，领取无偿的救济。忽必烈从他个人所得的羊皮、大麻等收入中拨出一部分用来施舍；还提供原料织布，裁制好衣服给最困难的家庭。忽必烈善于体察民情，每年都派出使者去各地巡视，考察年景、气候、病虫灾害等农业方面的情况，对歉收地区减免赋税；还从皇家的仓库里拿出粮食、种子赈济穷困地区的农民；遇到丰收之年，忽必烈诏令大量购买农副产品，分别储藏于各行省的御仓中，而且进行严格保管，采取防霉的技术措施，三四年不霉烂，保证荒年之需；遇到荒年时，再把这些粮食以市价四分之一的价格出售给灾民；牧区的牲畜如果有了灾疫，还会把其他省的税转给受灾地区作补偿。

　　马可·波罗在游记里记载的大元盛世景况，证实了蒙古人所建的大元帝国是文明程度相当高的国家。

刺探蒙古国军情的意大利间谍

公元1245年，教皇英诺森四世召开了里昂主教会议，会议决定，派意大利人柏朗嘉宾到蒙古国访问。

柏朗嘉宾生于公元1182年，是小兄弟会的创始人之一。公元1245年复活节这一天，他从里昂出发经过两年半的时间从西欧一直向东，直到中亚，经过了万里跋涉，先到钦察汗国拔都的宫帐，并于1246年夏天到达了和林。当时，恰逢蒙古人进行大汗选举，他有幸参加了贵由汗的登基大典。在同年十一月完成使命后，柏朗嘉宾回到祖国，向教皇回报出使的情况，写下了《柏朗嘉宾蒙古纪行》呈报给教皇。这本书，可以说是一部全面分析蒙古社会及军事情况的蒙古史书。

柏朗嘉宾来到蒙古后，受到了热情接待。当时正是马真皇后摄政，由于新可汗的选举，她正在紧张地率众做着准备工作。

这一天，一座白鹅绒制的可以容纳两千多人的大帐幕在草原上搭起来，帐篷周围树立了彩绘木栅，所有首领都在里面就坐。来自欧亚各地的使者们在帐幕周围的小山、平地上排成庞大的帐幕圈。蒙古的首领们在帐幕里开会，选举新可汗，他们的马都放在两箭程以外的山坡上，马上的马衔、胸带、马鞍、马靴等的金子饰件在阳光的照射下熠熠（yì）反光。柏朗嘉宾从来没见过草原上这般美丽的景色，好一派蒸蒸日上、兴旺发达的景象。

柏朗嘉宾像

来自世界各地的四千多位使者都被安排在了木栅外一个较远的地方，其中有斡罗思的苏兹达勒公爵、契丹和肃良合的几位首领、谷儿只国王的两个儿子、八哈塔哈里发的使者以及十多位萨拉森的算端、形形色色呈送贡品和礼物的人，他们都在这里期待着新可汗的选举结果，人们从中午时分开始喝马奶酒、蜂蜜酒或者葡萄酒，一直喝到傍晚。

约五千多位王公贵族参加了新可汗的推选大会。头一天，参会人员都身穿白天鹅绒的衣服；第二天，改穿红天鹅绒的衣服；第三天，穿蓝天鹅绒的衣服；第四天都穿织锦衣服。经过四天的会议，选举结果终于出来了。贵由汗当选大汗，人们以各种不同的方式在祝福他。

蒙古可汗处理政务的大帐，汉语叫金帐。贵由汗的金帐设在离他母亲大帐三四里外的额德河附近的一片美丽平原上，整个金帐用红色天鹅绒制成。可汗的宝座用象牙制成，设在木制的高台上，以黄金、宝石、珍珠装饰。高台背后呈圆形，需要拾阶而上。宝座四周摆放了许多长凳子，贵族们分成几排，都坐在宝座左边。首领们都坐在帐幕中央较低的长凳子上，其余的人则坐在他们面前。所有被可汗召见的外宾要穿上一种特制的衣服，可汗在高兴时，也会赏给他们酒类和熟肉。

贵由汗当选登基之后，派人来请柏朗嘉宾，并且通过丞相镇海告诉柏朗嘉宾，把要说的话和此行的使命全部写出来呈给可汗，柏朗嘉宾按照盼咐一一照办。贵由汗看后用蒙古文字给基督教皇写了一封书信，并且翻译出来，由柏朗嘉宾用他自己的语言写下来，与原文一起带回去。书信的大意是：既然你提议和我们讲和并遣使到我这里来，那你就要和所有的国王、诸侯立刻前来跪见我。你信函中要我们接受洗礼、皈依基督教。我的答复很简单：我们不明白为何这样做；你很震惊说我们屠杀了很多人，特别是基督徒、波兰人、摩拉维亚人和匈牙利人。这是因为他们不服从天的旨意及可汗的命令，谋杀害了我们的使者，因此天指示我们消灭他们；你们西方人认为只有你们是基督徒并且蔑（miè）视他人，而你们怎么能知道天的意图将其恩典赐给何人？我们在长生天的护佑下摧毁了从东到西的整个土地，如果这不是天神的力量，人们怎能做到？因此，若你们接受和平，愿意把城堡交给我，你们的教皇和基督教王公当立即前来向我求和；你若不相信我们的信札和长生天的旨意，也不听从我的告诫，那我将明确认定你们选择了战争。我们不知道将发生什么事，仅有天神知道。

元朝的第一位皇帝是成吉思汗，第二位是窝阔台汗，第三位是贵由汗。贵由汗为何给教皇写如此强硬的信，这内情该怎样理解？这是因为贵由汗知道强大的蒙古远征大军能使西欧诸国惊惶不安，他对西欧各国的使者前来刺探军情的事早已了如指掌。柏朗嘉宾对蒙古人的动向、军情、实力、作战韬略进行了详细的刺探，掌握了全部细节，说明他是一个高级"军事间谍"，贵由汗基于这点明察秋毫地写了这封回书。

元成宗像

柏朗嘉宾回国见到了教皇，把出使的事情详细地作了汇报。他上报教皇，蒙古人已做好了进攻我们的一切准备，他们的第一支军队准备从匈牙利进入；第二路军从波兰进入，打算马不停蹄地征战十年八载；另一支军队在通向斡罗思的大道上掩杀过来，三四年内将占领库蛮尼牙并以此地作为大本营，展开全面进攻。成吉思汗确定了征服世界的军事战略计划：窝阔台于公元1235年确定斡罗思是拔都的领地，金帐汗国在钦察草原建立后，整个欧洲将进一步受到可怕的威胁。他还报告说制造箭和弩炮的铁要加热用盐水淬过，不然硬度不够，是穿不透坚硬铠甲的；蒙古战骑全覆以铁甲，只有从马的腹下刺去，才能制服他们的战马；蒙古骑兵全身甲胄，只有面部露在外面，弓箭对他们无丝毫杀伤力，必须准备带钩的长矛把骑士从马上钩下来；落马的骑士，不能让他站起来，一旦站起来那箭会如雨点似的飞过来；必须有足够的武器装备和精悍的指挥官；蒙古人有铁的纪律，后退的、逃跑的、连同其战友将一起遭到处死，因此不会有败退的情况；要事先派出侦察兵向四周巡视，佯装败退的蒙古军是诱敌深入他的包围圈，左右翼和埋伏军突然围来的时候对方往往全军被歼，因此不能对蒙古军的退兵穷追不舍；无论朗朗晴天或漆黑夜晚，军人不能卸甲而睡，蒙古军时刻窥（kuī）伺时机准备突然袭击；他们的战士每人有好几匹马，战时随时轮换，因此他们永远不会因为马的疲劳而退出战

场；他们的炮石有相当的重量，四个人抬不起来，炮石飞来，城堡就会遭到毁灭。

教皇听出了一身冷汗，再看到贵由汗的信是如此地强硬，便思索着如何寻求和平共处的途径，他一边默默祈求上帝和耶稣的保佑，一边在胸前划着十字……

柏朗嘉宾于公元1252年去世，他编写的《蒙古史》以资料具体、翔实，成为西方学者研究蒙古人的重要著作。

元定宗贵由汗像

赵仁甫布道授业

赵仁甫是我国宋元时期有名的儒学家，姓赵名复，字仁甫。成吉思汗死后，窝阔台继位，他秉承成吉思汗的遗愿，出兵灭掉了金国。公元1235年，太宗窝阔台又命太子阔出带兵攻打大宋国。出师伐宋，这也是他继承成吉思汗遗志统一中国战略决策的重要步骤。

太子率领的蒙古大军英勇善战、势如破竹，很快便攻破枣阳，打到了德安城。城内的守军与蒙古大军展开了殊死搏斗，一时间，军士的喊杀声震天。最终，守军因寡不敌众、孤立无援，致使城池陷落，数十万人沦为阶下囚。

这天夜间，营地非常寂静，周围弥漫的血腥气使人不寒而栗。深夜时分，突然从中间的一座营帐内爬出一个人，他看了一下四周无人，便踉跄着向南跑去。这个人就是赵仁甫，是南宋有名的鸿儒。他是怎么来到这里的？还得从头讲起。

原来，元太宗和后来的世祖忽必烈都非常爱惜人才。这次太宗命令太子出师的同时，又下了一道诏书，命姚枢（shū）做随军钦差，主要任务是网罗人才。他们每打完一次胜仗，姚枢就要从俘虏中挑出他们中的儒士、道士、和尚、名医和占卜之人，让他们日后为蒙古大军服务。刚攻破枣阳的时候，主将曾想将活捉的俘虏全都活埋，结果在姚枢的极力劝阻下，部分人才得以逃进竹林幸免一死。

德安城攻破之后，姚枢便心急如焚，他知道这是自己的好友名儒赵仁甫的家乡，唯恐赵仁甫遭遇不测，便四处寻找赵仁甫的下落。这一天，他忽然在俘虏中发现了一个气质不凡的儒生，一看正是赵仁甫。姚枢喜不自胜，把赵仁甫拉到一边，相互叙说了离别后的经历，又交谈了一些儒教理论，赵仁甫说:"天下之事,现如今,蒙古军队这如何能得民心、顺民意呢?"姚枢对他说:"灭宋,是指日可待的事情,你不如跟随我一同到北边干一番大事业。"这时赵仁甫伤心地痛哭起来,说道:"蒙古人灭了我的九族,攻占了我的国土,我怎么去侍奉他们呢?做人要有骨气,到了今天这个地步,我只求一死,死在自己故乡的土地上。"

姚枢害怕赵仁甫真的自杀,就把他安置在自己的营帐中同宿,看护着他。谁知当姚枢从疲倦的沉睡中醒来时,突然发现赵仁甫已不知去向,只剩下了衣物。姚枢立即穿衣备马,飞奔在东西南北各向的死人堆里,边找边喊,却没有发现赵仁甫的影子。于是,他掉转马头,直奔河边,只见一个人站在河岸上,披头散发,目光呆滞,向天大喊:"国不复存,理不复存!还留下我赵仁甫干什么!"一步一步地慢慢向河里走去。

就在这危急时刻,姚枢快马来到河边,一下拦住了正要自尽的赵仁甫。他跳下马来,拉住赵仁甫说:"你死了毫无意义,不过是在河中激起个水花而已,瞬间就没有踪影了。可是如果继续活下来,干一番事业,子孙后人也可以一代一代地传下去,难道有什么不对吗?"姚枢邀请赵仁甫随他北上,并保证他不会有别的麻烦。赵仁甫家破人亡,一时间无计可施,便答应了。

当时,由于我国南北方的交通非常不便,在文化上的交流也很少。赵仁甫就凭借着自己的聪慧和记忆,把理学大家程颢、程颐、朱熹所著的诸经传注全部都抄录下来,交给了姚枢。姚枢如同获得至宝,潜心钻研,后来成为了元朝的一代名相。

自从赵仁甫来到了燕京,向他求教的名人义士日益增多,竟达一百多人。由于他的课新鲜生动,富有魅力,便于记忆,赵仁甫的名声越来越大。有一天,忽必烈召见了他,想启用他做官。忽必烈表示,自己准备再次派军

姚枢像

唯有一个'义'字,般大肆杀戮(lù),

进攻大宋国，请赵仁甫做他的向导。赵仁甫得知忽必烈的用意，断然拒绝，并表示，大宋是他的祖国，就像父母一样，怎么能领着别人打自己的父母呢？忽必烈听罢，不但没有生气，反而更加喜欢他，认为他是真正的贤士，并没有勉强他。

赵仁甫继续传经授道，蒙古大将军杨惟中在他的讲授下渐渐迷上了理学，建议建太极书院，立周子祠堂，弘扬理学。赵仁甫得知后非常高兴，愉快地答应下来。

太极书院建成之后，赵仁甫担任了书院主讲。他广泛搜集以程、朱理学为主的名著，并开始研习这些浩繁卷帙（zhì）的著作。可是，随着研究的深入，赵仁甫迷惑了，这么多的著作，从哪里讲起好呢？经过一番深思熟虑，他决定自己著书立说，以贯通理学。

随后，赵仁甫认真地研读业的过程，考察了孔孟之道取了伏羲氏、神农氏、尧舜建功立得伟大成就的根本，将程、朱等人的理论编成了《传道图》，并整理了相关的书籍。初学者按照他的《传道图》学习就可以掌握理学概要，再进一步研读他所列出的书籍，便可以深入了解理学的世界。赵仁甫培养了一大批杰出的儒学人才，他的学生许衡、郝经、刘因等都成了大儒。

元朝之所以能一统天下，靠的不光是军士勇猛、指挥调度有方；统治者的选贤任能、弘扬理学也是其中的一个重要因素，而这其中，赵仁甫功不可没。在他的努力下，理学在北方逐渐兴起，他本人也成为元朝在北方传播理学的创始人，理学被元朝定为国学。

程颢为宋代理学的主要奠基者

郝经千里赴宋鸿雁传书递消息

郝经（1223年—1275年），字伯常，今山西晋城人，出身于儒学世家。

公元1260年，忽必烈继承了汗位，这时，蒙古和南宋双方的军队正在前线对峙。这一天，正当忽必烈在酝酿一个与大宋议和的计划时，蒙古驻山东的将领李璮（tǎn）的部下打马飞奔呈来奏章，请求向南宋大举进军，趁机消灭大宋。

忽必烈只是轻轻地扫了一眼这本奏章，便丢弃在一旁。他记不清这是李璮第几次要求出兵了。忽必烈分析了当前的形势，认为这是下策。然而李璮将军却一再坚持，极力主张，为此惹得忽必烈心中很不痛快。当时，忽必烈的弟弟阿里不哥叛乱，另立为王。忽必烈心中焦躁不安：平定叛乱是自己此刻的当务之急，否则阿里不哥日后必然成为大患。况且，建国以来，征战连连，军队和老百姓已经疲惫不堪，是时候让军民休养生息一段时间了。如果此时再兴兵攻打宋国，实在不是明智之举。权宜之计则是立刻与大宋议和，选派一名使臣为国信大使，赴大宋送信。可是此等大事，派谁去最合适呢？几天来，忽必烈都在苦苦地思考，物色合适的人选，权衡着选派的官员。蓦（mò）地，忽必烈眼前一亮，他想起了郝经。

郝经是一位极其聪慧的儒士，凡是了解他的人都要竖起大拇指。

郝经家里几代都是读书人。金朝末年的时候，他的父亲带着全家人迁居到了河南的鲁山。当时正逢战乱，老百姓只好挖地窖当成掩体，一遇乱兵就躲到

宋代白釉珍珠地划花鹦鹉纹枕

地窖里。没想到乱兵特别残暴，竟然用柴草填塞窖口，用火点燃。不少老百姓被活活地烧死或被烟呛死。

有一次，郝经一家遇到了此难，乱兵点燃了柴草堵住他家的地窖口，烧杀抢掠一番后走了。待乱兵远去，郝经的母亲已被浓烟熏得不省（xǐng）人事，全家人哭号不已，却想不出办法。年幼的郝经却异常冷静，他用蜂蜜拌和寒菹（zū）汁，撬开母亲的嘴巴灌下去。不一会儿，母亲就苏醒过来。那年才九岁的郝经，因为大难临头时反应机智，很快就远近闻名了。

少年时，郝经的家里非常穷，买不起书，所以他只有借书来读。他从小聪慧过人，对所读过的书籍过目不忘。后来，他开始潜心研究儒学，终于成了有名的儒士。

宪宗蒙哥即位后，忽必烈受任总领漠南汉地军民事务，南下在金莲川建开藩王府。当时忽必烈曾慕名召见过郝经，向郝经询问有关治国安民的方法，郝经陈述了数十条意见，其中包括应推行汉法，忽必烈听后非常高兴，就把郝经留在他的幕府中。忽必烈继承汗位以后，郝经被封为翰林侍读学士。推行汉法也成为忽必烈建政纲领中最关键、最为核心的部分。

这一次，忽必烈派他出使大宋，并赐佩金虎符。郝经站立在一旁，接过忽必烈亲自为他斟满的葡萄美酒，心情很沉重，感到责任非常重大。饯行之后，郝经率领着十多名随从人员上路了。一天，郝经一行来到了济南府。济南府的守将李璮却拿出了皇上的"亲笔信"，不让郝经南行。这一突如其来的变故让郝经吃了一惊。难道圣上反悔了吗？议和可是当时唯一的上策呀！郝经想到临行前，忽必烈对自己亲切而信任的目光，对议和态度的坚决，不免对李璮产生了怀疑。于是，他一面派一名随从将此信送回朝廷，向忽必烈禀（bǐng）告；一面自己带着随从避过李璮的耳目，继续南下，向大宋国奔去。

他们来到宿州时，郝经遣副使刘仁杰、参议高翔前去申请入国的日期，结果对方未作答复。郝经觉得事情有变，又分别写信给宋朝宰相和淮安的统帅李庭芝。李庭芝回信表达了对郝经一行的不信任，认为蒙古无诚意与他们讲和，郝经一行是一个阴谋。否则，为什么一边派人来讲和，另一边却派李璮侵犯大宋的国土？

元世祖像

当时，南宋朝廷内贾似道独揽大权，他编造了宋军诸路大捷的谎言蒙骗皇上，掩盖了称臣纳币的丑事。宋度宗不知真伪，以为他立了大功，晋封他为少师、卫国公。贾似道接到郝经来宋议和的消息后，非常害怕，如果郝经到来，他的骗局就会被戳(chuō)穿。所以，他派心腹赶奔真州送信，让真州的地方官秘密将郝经等人扣押。

郝经被扣押后，上书给南宋皇帝，表明态度，说明愿意排难解纷，达成议和的愿望；同时也说明了李璮出兵是欺主作乱，而并非蒙古大汗的指令，是想干扰议和的诡计。表章交由真州的地方官员代为转奏，然而，等了很长时间，却如泥牛入海，一点消息没有。郝经于是又一连几次上书给宋主及宰相，同样没有得到回音。他哪里知道，这些奏书都被贾似道扣住了，南宋皇帝根本不知道有此等事。郝经又多次要求朝见宋朝皇帝，均没有得到允许。在万般无奈之下，他只好请求返回蒙古国。意想不到的是，他们放行的要求也没有得到应允。而且，驻地又增加了兵力，用荆棘架成高墙，门上还上了铁锁，日夜有人巡逻。

时间一晃就是七年，可是这七年对郝经和他的部下们来说，比七十年还要漫长。一个偶然的机会，郝经捉到了一只南来的鸿雁，他写了一首诗系在鸿雁的脚上，放飞了。诗文中写道：

　　霜落风高恣所如，归期回首是春初。
　　上林天子援弓徽，穷海系臣有帛书。
　　至元五年九月一日放雁，获者勿杀，国信大使郝经书于真州，
忠勇军营新馆。

郝经放雁的九年后，一射手在金明池射中了这只大雁，看到了他写下的帛书，迅速呈送给了大汗。忽必烈意识到，南宋朝廷已经腐朽不堪，灭宋的最佳时机已经来了，决定派军攻打南宋。

公元1276年春，忽必烈任命伯颜为大元帅，率领十万蒙古大军南征，并派遣礼部尚书中都海牙和郝经的弟弟郝庸进入大宋，讨还郝经。宋主得知十分害怕，忙派总管段佑按照大礼把郝经送回了蒙古。途中，郝经因多年被扣押，心力交瘁，病倒了，忽必烈派遣枢密院和御医迎侍这位劳苦功高、被扣押了十六年的国信大使。

在这漫长的十六年当中，尽管滞留狱中，才华横溢的郝经仍不忘著书立志，先后写成了《易春秋外传》、《读后汉书》、《太极演》、《原古录》、《五衡贞观》等书及文集达数百卷。这些也成为传世佳作，供后人学习观赏。

赵良弼不负使命出使日本

宪宗蒙哥去世以后，忽必烈继承了汗位，建立起了庞大的元帝国，当时的版图在世界上是最大的，北疆到北极海，西边到中亚细亚，西南抵喜马拉雅山，南抵南洋群岛，东到大海，元朝进入了最辉煌的时期。日本国与大元帝国隔海相望，忽必烈对这一组群岛也非常关注。忽必烈即汗位不久，便多次派遣使者前往日本，但都因为各种原因而没有取得令人满意的结果。

公元1270年，忽必烈任命赵良弼（bì）为经略使，主管高丽国的农业。赵良弼接到圣旨后就来见忽必烈，他表示自己不适合搞屯田，建议可汗派别的人去。忽必烈见赵良弼这么说，知道他不想去，强求也没用，因为在朝中的大臣中，只有他敢抗旨不遵。于是，忽必烈透露，将派人到高丽屯田和出使日本，反问赵良弼难道想出使日本？忽必烈心里想的是，五十四岁的赵良弼年龄较大，出使日本不便，尽管他是最适合的人选，也不想叫他去。谁知赵良弼听忽必烈这么一说，却下定了去日本的决心，向大汗表示愿奉旨出使日本。这时，忽必烈反而没有办法了，本想将他一军，谁知倒使自己陷入了进退维谷的境地。忽必烈认为赵良弼年龄较大，恐受不了海浪颠簸，不同意他去。赵良弼毫不退让，坚持请行。忽必烈没有办法，只好答应了他。

赵良弼是金国人，父亲是金国威胜军节度使，蒙古军队攻打金国时，赵良弼的父亲和四个兄弟一起为国捐躯。他个性执拗，不仅忽必烈拿他没办法，宪宗蒙哥也让他三分。

忽必烈做潜邸（dǐ）藩（fān）王时，赵良弼初中进士，在赵州讲经，忽必烈将他召到藩府，经过答辩，认为他是一个难得的奇才，便将他提拔为邢州安抚司的幕长。赵良弼将邢州治理得井井有条。他在公元1260年先后五次劝忽必烈抓住时机，继承汗位，以安天下。所有赵良弼的进言，忽必烈都深信不疑。有一次，有个四川人，名叫费寅，因为私怨诬告廉希宪和商挺有谋反之心，并说赵良弼能作证。忽必烈召来赵良弼诘（jié）问此事，赵良弼却声泪俱下地表示，他们两个是忠心耿耿的贤臣，并以身家担保，自己愿意挖出心来证明他们的忠诚。忽必烈听了这话，仍将信将疑。李璮叛乱被平定后，王文统因与李璮有书信来往，被抓了起来，而赵良弼、廉希宪、商挺等都曾在忽必烈面前推荐过王文统。王文统被处斩后，赵良弼和商挺受牵连被捕受审。赵良弼因心中无鬼，慷慨陈词，据理力争，忽必烈曾恐吓他要割下他的舌头，赵良弼毫不屈服，等到最后水落石出、查明真相后，赵、商二人被无罪释放，官复原职。从这件事情足以看出赵良弼的性格：志向坚定，敢作敢为，坚持真理，从不打退堂鼓。

　　此次，赵良弼主动要求出使日本，感动了忽必烈，给他选派了三千精兵，赵良弼拒绝了，只挑选了书状官等24人同行。船起航以后，行程中一直是风雨飘摇，一行人历经千难万险，终于船行到了金津岛，踏入了日本的国界。

　　船渐渐驶向岸边，忽然之间，赵良弼发现有一群人手持刀剑要向船袭

《元人秋猎图》（局部）描绘了元代帝王率军出行、露营与猎宴的情形

击，船上的气氛异常紧张起来。他带来的人大多是文官，不会舞枪弄棒。赵良弼见状，告诉随从人员不要紧张，而后他独自一人下船上岸，从容地向那一群人走去。

通过那群人，赵良弼见到了金津岛守岛长官并说明来意，金津岛守官将赵良弼一行安置在一板屋内，派兵把板屋包围住，熄灭火把、灯烛，大喊大叫，在空旷的黑夜里，格外瘆（shèn）人。赵良弼端坐在屋中，神态坦然，镇定自若。

好不容易熬到了第二天早上，日本太宰府的官员命令军队在四周的山上埋伏好，然后再前来探问元朝使者的情况。赵良弼诘问日方，大元帝国派使臣到此，你们非但不以礼相待，还加以软禁，陈兵数千，如临大敌，难道除了拼抢厮杀，日本人不晓得天下还有"礼仪"二字吗？太宰官听了这番话觉得很惭愧，忙解释这是误会，既然是大元帝国来的使臣，就请把国书拿出来吧。赵良弼却坚持，国书虽然在，但只能等见到国王时，才能把国书交给他，这才是两国交往的礼节。

太宰官没有得到国书，一脸不高兴地走了。过了几天，太宰官又来向赵良弼索要国书，还说日本在太宰府以前，从来没有来过中原的使臣，现在赵良弼是又拿不出证据来，怎么证明他们的真实身份？赵良弼一看，这个太宰官又要耍花招，想骗到国书。于是，他把脸色一沉，厉声斥责对方无知，历史上隋文帝、唐太宗、唐高宗多次派出使臣，都见到了国王，太宰官凭什么说从来没有使臣来过？

太宰官被赵良弼说得无言以对，就要起赖来：他坚持赵良弼得先交出国书，否则就别想见国王。赵良弼也立场坚定地说，国书只可亲自交给国王。太宰官见文的不行，就动起武来，他叫两个武士上来架住赵良弼，想搜抢国书。赵良弼大喝"住手"制止了他们，这两名士兵被他洪钟般的声音吓得不敢近前。赵良弼义正词严地表示，自己早已料到他们会来抢，劝他们趁早死心，国书是抢不走的，只有领使团去见国王，否则，如果使团遭遇不测，以大元帝国声名显赫的国威，太宰官他们将自食恶果！太宰官见明抢也得不到国书，只好带着人离去。

日本方面见来硬的不行，只好来软的，派了十二名官员前来拜见，赵良弼给了他们国书副本，日本方面最后还派人把赵良弼一行送到了对马岛。这次出使，赵良弼虽然没有亲自见到日本的国王，但是交付了国书的副本，将忽必烈的意图转达给了日本国王，也算善始善终地完成了使命。

公元1273年，经过艰苦航行的赵良弼一行从日本完成使命凯旋归来。忽必烈非常高兴，设宴为赵良弼接风洗尘，详细询问了他们出使的经过，赵良弼把详情都一一向忽必烈作了汇报。经过赵良弼此次出使，大元帝国对日本的情况了解得更为透彻和详细了。

经过赵良弼出使日本，增进了中日两国之间的交流和相互了解，为中日两国以后的互相往来做出了榜样。

元代刘贯道所绘的《忽必烈出猎图》（局部）描绘了元世祖忽必烈狩猎时的情景

鄂多立克游历东方中国

1981年，国际地理学会在威尼斯为一名去世六百多年的旅行家立起铜像，表达了中外友人对他深切的怀念和敬仰。鄂多立克，是他，曾经历尽艰辛，跋山涉水，拜访万里之外的东方古代中国。他的经历被友人写成了《鄂多立克东游录》，这本书将他对遥远中国的描摹传播开来。历史也记录下了这位和马可·波罗、伊本·白图泰、尼可罗·康提一同被称为中世纪四大旅行家的托钵僧，记录了他为中西的文化交流做出的巨大贡献。

鄂多立克很小就皈（guī）依了天主教托钵修会派别之一的方济各会。方济会注重学术研究，重视文化教育，反对异端。这个教派的会士们穿着灰色会服，倡导清贫生活，清心寡欲，致力于传播福音，人们叫他们"灰衣修士"，在拉丁语里就是小兄弟会的意思。作为一名灰衣修士，鄂多立克自幼潜心修行，生活清苦。

三十二岁那年，鄂多立克作别挚友马契辛诺，离开祖辈居住的家乡诺瓦村，去威尼斯乘船出海，启程一路向东。

从威尼斯启程后，鄂多立克历经四年才到达中国，他先是乘船到君士坦丁堡，继续向东经孙丹尼亚、柯伤、巴格达，从巴格达到波斯湾，在忽里模子乘船赴印度。沿途观赏异地风光的同时，他访问教堂的神父，了解意大利教徒活动，并且不断认识新朋友。从印度西海岸的塔纳到斯里兰卡，又长途航行到苏门答腊，他遍访了南洋群岛；经过爪哇、加里曼丹、越南，鄂多立克最终于来到他梦想的东方福地——当时的蒙古国（中国）。

鄂多立克在中国的第一站是辛迦兰（今广州），一到广州，他立即为广州人口密集、经济繁荣、船只众多的港口所惊叹。从他后来的记叙中，后人可以了解到，当时的广州比威尼斯大三倍，船舶比整个意大利的都

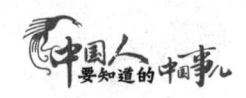

多，白得像奶的鹅头上有大如卵的红色骨头，咽喉下垂着半柞（zhà）长的皮，一只银币可买到一只烹调好的鹅，人们把蛇视为最珍馐的美味，如果设宴款待宾客却没有蛇肉，客人会失望而归。皮肤黝黑、牙齿雪白的印度人在奔走经商。

各种亲身经历打破了一直以来的传闻，他一直听说蒙古人屠杀基督徒。在他的手稿中，Caitan就是泉州，这座城市有罗马城两个大，繁华的都市令他印象深刻。在泉州圣方济各会寺庙中，他受到了热情接待，他对方济各会兄弟们建的大教堂和山间的修道院赞不绝口。大都总主教孟特·卡维诺领导着大教堂，教徒们全部免税。蒙古人信仰各种宗教，冒着热气的食品供在寺院的佛前，蒸气升到佛脸上，供养着神祇。

在福州仙霞岭，他看到了世上最大的公鸡和雪白无羽的母鸡。他还受邀和钱塘江桥头馆舍的主人去捕鱼，鸬鹚（lú cí）被绳子捆住喉咙，它们为主人潜水捕鱼投满三只篮子后，被松开捆着的脖子入水吃鱼，返回栖所再被捆系起来，鸬鹚常年为渔人服务，渔人丰衣足食。其他地方的中国捕鱼人赤条条地跳进水里，半个时辰鱼虾便装满背袋，上岸后立即跳进热水桶里，接替的人依样跳进热水桶。

在人称"天堂"的杭州，守护着运河上的一千二百多座人民安居乐业，这座城市的卫兵桥。十户人家编成一甲，每甲每年向可汗交五张像丝绸一样的纸币（钞），轻徭薄赋，这里不愧为"天堂"之所。看到汉人、蒙古人、佛教徒、聂思托里安教徒多种民族相安无事地共同生活在这个大城市中，他对蒙古人的管理钦佩不已。据他所说，这样多不同种族的人平安居于唯一权力管理之下，简直是世间的奇迹。

过南京到长江，又到扬州。扬州也是一座繁华的城市，城里人都很富裕，他们在饭馆里体面周到地款待客人。这里的船美观整洁，有厅室、旅舍、各种设备，旅人舒适，气氛和谐，服务人员很有礼貌。运河上临清的丝，8个银币可买到40磅。这些都给他留下了深刻的印象。

他在蒙古可汗新建的都城（大都）居住了三年，当时天主教在中国的主教约翰·科维诺很赏识他，鄂多立克在教会里担任教职，还曾经陪主教得到可汗元泰定帝也孙铁木儿的接见。据他回忆，可汗的宫殿非常大，围墙就至少有四英里长，里面有很多小宫殿。许多圆圈同心并逐渐往外扩大，居民住

元泰定帝像

在一圈圈的城池里。在大汗和他的家人、随从们住的第二圈内,主要的宫殿建在人工小山上。这座称为绿山的小山上还种有美丽的树,一座色泽美丽鲜艳、建筑结构精细的大理石石桥横跨在湖上,他说那是他见过的最美的桥。无数野鸭、天鹅和野鹅嬉戏湖中。圈墙内有一个大公园,园内有许多野兽,这样大汗在第二圈宫殿里,就能享受到打猎的乐趣。大汗坐在高高的宝座上,他的第一位皇后矮一点坐在他的左手边,第三级依次是三个妃子以及王族的其他贵妇;大汗的右手边则是他的长子和各级宗王们……

他还体验了古代中国的驿站制度。驿站是当时来往官员和传递官府文书和情报的人食宿和换马的场所,为他们免费供应两餐和生活用品。每当大事发生,驿站使者便飞马上报宫廷,事态紧张时他们乘单峰驼出发,接近驿站时吹响号角,驿站主人让另一使者做好准备,骑士将信函交给准备出发的使者,本人则留下休息,那接过信函的使者到下站投出,依次接替,可汗一天内可得知30天旅程外的新闻。

鄂多立克还描述了西藏的天葬、妇女发辫、宗教信仰等。在当地,如果父亲死去,儿子会请来喇嘛、乐人,亲友们集合在一起,把尸体运到郊外,在准备好的桌子上,喇嘛割下死者的头,然后唱超颂歌和经。喇嘛把尸体切成碎片后,全体人员启程返回城里。鹰隼(sǔn)从山头飞来,衔去片片碎肉,这时人们大喊:"看,圣人的肉,被鹰送到天堂去了!"儿子这时感到最体面,于是把父亲的头煮熟,吃掉,用头盖骨制成酒杯,边虔诚地怀念父亲,边用头骨杯饮酒。

公元1328年,鄂多立克从拉萨经中亚、波斯返回意大利,沿途他恢复了清苦的托钵僧生活。

回国后，他仍然怀抱着出游的梦想，可是就在他计划向教皇请示继续出游时，在拜见教皇的途中却不幸染了重病，只得回到故里养病。在这期间，他的朋友马契辛诺根据他的叙述，记录下他出游的珍贵经历和见闻，写下了《鄂多立克东游录》。

公元1331年，伟大的游行家鄂多立克在他的意大利故居中离世。

明代吕纪所绘《鹰鹊图》

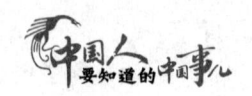

"东方马可波罗"汪大渊

提起中国人的航海之旅,现代人对明代三宝太监下西洋的故事可谓耳熟能详,而在元代早就有先行者汪大渊写作《岛夷志略》的事却鲜为人知。

说起《岛夷志略》的成书过程,跟元朝泉州对外贸易的兴盛脱不开干系。那时候,政府在泉州大港设了专门管理对外贸易的市舶司,很多海外人士慕名远道而来,聚集到这里做生意。同时,元世祖还下令地方县撰写地方志,泉州的地方官灵感突至,想到假如有一部介绍各国风土人情的地理志,要搞好各国间的友好往来和通商贸易就事半功倍了。那谁来写合适呢?这时候,汪大渊的名字进入了泉州路达鲁花赤契玉立的视野。

汪大渊是谁呢?准确地说,汪大渊是当时一位博闻广记、赫赫有名的民间航海家,后人称他为"东方的马可波罗"。他自小就聪敏好学,性情豪放,喜爱探险,十几岁开始周游祖国名胜古迹和山川河流。二十岁的时候他就随船出海远洋了,到过很多国家,后来根据自己的经历写作了《岛夷志略》一书。

公元1349年,泉州路达鲁花赤契玉立偶尔得知汪大渊来到泉州,便来拜访这位已经第二次出海归来的大航海家。两人在客栈相见,简单寒暄以后,契玉立向汪大渊提出了要求:"汪先生几次出海远洋,所见所闻完全可以成为一部地理志,不知道能不能写一部书来介绍您的丰富见闻呢?"汪大渊见地方官亲自拜访,言辞恳切,性情爽朗的他痛快地答应下来,并说,自己多年来所见所闻虽很多已经忘却,但可参照家里的日记,整理回忆成文,来回复大人的嘱托。

接到契玉立的任务后,汪大渊开始整理两次航海看到的各国社会经济状况和奇风异俗，整理过程中，他态度严肃，表示自己所写的都是亲眼见到、亲耳听到，道听途说的东西自己坚决不会收录。随着写作的进行，自己前半生对航海的钟情、远航中一件件生动有趣的见闻都涌上心头，历历在目……

其实在元朝，政府一向注重航海事业，鼓励民间发展海外贸易。不得不佩服元朝政府，那时候就开始推广公私合营的理念。公元1284年，为推广航海事业和对外贸易，元朝颁布了《官船官本商贩之法》，实行官商合办进行海外贸易。当时由政府出船，提供本钱选拔商人到海外做贸易。做贸易赚来的钱三七开，政府拿三分，商人得七分。政府还在户籍中专门编定了船户和海道梢水户，每年给出梢工水手的户发放五口人的粮食，来保证他们的衣食。在政府一系列政策的推动下，元代的远洋航队日渐壮大，不但近海海面有庞大的船队，他们还乘风破浪，渐行渐远，一直航行到印度洋、地中海和非洲东岸上，航海事业的发展在中国空前鼎盛。

少年时期的汪大渊在泉州附近游历，充分领略了航海和贸易发展带来的城市繁荣。泉州是当时中国南方最大的商港，也是世界最大商港之一，在这里，形形色色的外国友人摩肩接踵，琳琅满目的中西商品堆积如山，形态各异的大小船只停泊在港湾里。听那些中外商人、水手讲起生动有趣的外国风情时，汪大渊经常心潮澎湃，陷入遐想。这个志向远大的少年想着，什么时候自己也能像他们一样，在惊涛骇浪中踏遍世界的每一寸土地。

终于，在公元1330年夏天，二十岁的汪大渊得偿所愿，踏上了出海的征程。这次旅途为他打开了一扇门，让他见识了另一个色彩斑斓的世界。他乘坐的商船由泉州启程，经海南岛、占城、马六甲、爪哇、苏门答腊、缅甸、印度、波斯、阿拉伯、埃及，横渡地中海到西北非洲的摩洛哥，再回到埃及，出红海到索马里，折向南直到莫桑比克，横渡印度洋回到斯里兰卡、苏门答腊、爪哇，再到澳洲，从澳洲到加里曼丹岛，又经菲律宾群岛，最后返回泉州。

公元1334年夏秋之交，汪大渊回到祖国。1337年，他第二次由泉州出海经南中国海、马六甲海峡、孟加拉湾到印度西海岸科泽科德港口以后，越过印度洋，先到阿曼，再到阿拉伯半岛西南端的亚丁。

在他的文字中，我国历史上第一次载录了通向非洲的主要港口亚丁，他称之为"哑靼（dá）"。在那里，汪大渊他们停船靠岸，观赏了美丽的风景，看到了一丈多高、粗围一尺多的珊瑚树，当地的渔民们在秋冬之交驾着船只采珊瑚槎（chá）牙。离开亚丁的时候，汪大渊新奇地欣赏着他在当地用景德镇的瓷器换来的珊瑚。

随后，船只重新起锚出发进入红海北上，到地中海的商业中心和最大的港口杜米亚德港，计划前往当时元朝政府的友好邻邦埃及。元朝政府与当时的统治者马木鲁克王朝交好，忽必烈曾经派使臣访问埃及，向国王摩诃末·伊本·加洛赠送了700匹织有他尊号的织锦，邀请埃及人到中国南方传授制糖技术。

到达那里后，埃及的风土人情让他感觉异常新奇。在埃及谋生的中国生意人热情接待了汪大渊，并且告诉他，埃及政府十分善待中国商人，乐意保护他们的贸易和人身安全。汪大渊不免感慨道，这种睦邻友好的关系，是忽必烈时期双方政府努力建立的，两国人民应当珍惜并发展下去，才能互通有无，建立保障。

在书中，他详细介绍了埃及的风土人情：尼罗河上建造着巨大的海口水闸，水闸能调节尼罗河的水量，保证尼罗河平原地区农业旱涝保收。田野里，香甜可口的甜瓜长势惊人，直径能达到三四尺；草地上，雪白健壮的绵羊身形高大，居然有四尺高。开罗城清洁美观的街道上，人们头上裹着白布，摊贩沿街兜售做生意，一派热闹繁华的景象，艳羡之余汪大渊把这些都写进了自己的著作里。

在摩洛河，汪大渊也发现了中国人的足迹，成吉思汗远征西域后，中国汉人、蒙古人在这里做买卖的越来越多，当地人认为，因为鞑靼（dá dá）人的到来，带来了经济繁荣，还热情地询问他，是不是也是"鞑靼"。在海边，他同样看到了采集珊瑚的民众，商店里摆着中国的瓷器。

汪大渊又回到了埃及，抵达红海西岸的库赛港，每天几十艘中国船在这里靠岸。中国商人运来景德镇瓷器、苏杭五色缎，换回青烧珠、银器和铁器。他还结识了一位大都来的商人，这人在埃及收购刀剑盔甲，运到大都后转卖给政府的军器部，因为当时的中国人都喜欢佩戴兵器，所以销路很好，这名商人成了家资百万、富甲一方的大富商。

在桑给巴尔岛，原野上到处是单峰驼和驼鸟，来往的中国商船很多。汪

大渊访问的泉州们是贩卖牙箱、绸缎的，在这里用这些换回象和胆矾。商人告诉他，他花箱、苏杭五色异常抢手，他们牙、红檀、生金

马达加斯加岛赠送我国的鹦鹉螺化石

在莫桑比克东海岸的克利马内，他看到，当地到处是成片的乔木和竹林，有商人在当地做易货买卖，并贩卖黑人儿童到印度。值得一提的是，元朝曾在公元1293年制定了市舶法，明确规定"对金、银、铜钱、铁货、男女童不准下海私贩诸番"，违者将遭没收财产和处刑。所以，中国商人贩卖五色绸缎、南北丝、土细绢、瓷器，却很少做人口生意。对此，汪大渊深切感受到政府对外贸易政策的优越性，自由与限制恰到好处，合理保障了人民的权利。

在马达加斯加岛，中国海舶司设置了通向南非的中继站。马达加斯加还有有野猪、野驴和麒麟等稀有动物，汪大渊用金子行了一件善举，他赎回了之前被土著人拘留的忽必烈派来的使臣。后来，这位使臣回国时，给忽必烈带回一根长达5尺、羽管两合掌那么粗的卢克鸟羽，忽必烈非常喜欢这根鸟羽。

后来，汪大渊又重渡印度洋，在公元1339年结束了第二次远航回到了泉州。

回忆起旅途中的种种，汪大渊胸有成竹，生花妙笔，多日写作后，生动有趣的内容跃然纸上，《岛夷志略》不久便写成了。

公元1349年，汪大渊将完稿交给契玉立。全文共涉及亚、非、澳各洲的国家与地区达99个，地名220个，详细记载了他们的风土人情、物产和贸易情况，契玉立把这部书附在吴鉴修的《清源续志》后面，使得这部书得以流传了下来。后来，该书被译成多种文字流传，许多中西方学者通过它去了解世界历史、地理，为后人的研究提供了珍贵的历史资料。

众所周知，马可·波罗、鄂多立克、伊本·白图泰和尼可罗·康提被称为中世纪四大旅行家。其实，汪大渊作为著名的旅行家，如果按实际时间、路线、著作来衡量，应当与他们比肩而立，载入中国航海史。他的航海行程为郑和下西洋奠定了基础，为元代中西文化交流写下了华丽的篇章。

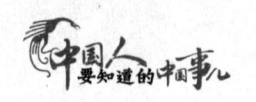

三宝太监郑和七下西洋

回顾中国人的远洋航海史,不得不提起郑和的名字。他带领的船队先后七次扬帆远航,把中国的物产和文化传播到世界各地,写下了中国和西方交流的新篇章。

郑和是云南昆明人,原名马三宝。十多岁的时候,恰逢朱元璋平定云南,小郑和被明军带进宫中做了太监。不久以后,随燕王朱棣进了北京。

"靖难之役"发生时,他立下了战功,得到朱棣的信任和宠爱,特地赐给他一个名字叫郑和。朱棣夺取皇位,取代侄子建文帝后,郑和也升任内官监太监。

明朝时期,我国已经具备了远洋航海的条件。早在元朝时,对外贸易的繁盛使得航海技术不断提升,罗盘、火器的发明也为远洋航海提供了安全保障。为了宣扬大明朝的国威,拓展海外贸易,相传还因为寻找失踪的建文帝,朱棣决定派船队出海与各国交流,于是备受信任的郑和被任命为船队的首领。

永乐三年(1405年)六月,郑和和王景弘率船队从苏州刘家河港口出发,当时船上有全副武装的士卒27800余名,这支阵容庞大的队伍中,有擅长乘风弄潮的水手,有掌管罗针、指引方向的火长,有负责船只停泊或起航的碇手,有修理各种军械、器具的工匠,有承担翻译工作的通事,有处理外交事项的"行人",还有医护人员、伙夫、书算手等,各行各业、人才济济。船上物资充沛,生活用品丰足。除了生活必需品,他们还携带了贵重的礼品来馈赠别国,还有明朝独有的丝绸等土特产用来和别国人民贸易交换等等。

在随后两年多的航程中,郑和一直谨记皇帝朱棣对他的教诲:"朕命你与王景弘等出使西洋各国，沟通我大明与西洋各国的关系，以此弘扬我大明国威！"皇帝的信任和嘱托所赋予郑和的使命感和责任感敦促着他，一路上他时刻以明王朝的利益为先，不辱使命。

郑和率领船队顺利到达福建，然后，从福建五虎门扬起风帆，驶向大海的深处，从此开始了扬帆海外的航程。一路上，他们以超凡的智慧克服了漂泊海外的种种艰难险阻，也得到了很多热情的接待和各地人民深情的祝福。

郑和雕像

十多天后，郑和一行抵达第一站——占城，接着依次到达爪哇、旧港、满剌加、苏门答腊、锡兰山、葛兰、柯枝、古里等地。船队每到一个地方，先宣布大明皇帝的诏书，然后向当地统治者赏赐厚礼。

郑和和他的船队出海绝不是以武力侵略各国为目的的。当船队到达苏门答腊时，当时苏门答腊的西王和东王正在内乱，两方交战时，误以为上岸进行贸易的郑和属下是东王的救兵，西王的军队误杀了郑和军队中的一百七十多人。郑和军队沸沸扬扬，大家摩拳擦掌主动请缨要去报仇。真相大白以后，西王诚惶诚恐，诚挚地前来道歉、领罪。郑和了解到是误杀，考虑到如果报仇的话，恐怕引起各国惶恐，误以为大明朝前来侵略各国。于是便禀告朱棣，免除了对西王的责罚。从此以后，两国关系和睦。

经过郑和等人的努力，公元1407年秋，郑和的船队结束了第一次出海的任务，带着来应天（南京）觐见朱棣的各国使臣回到国内，朱棣亲自走出宫殿迎接他们的归来。

公元1409年2月，郑和又率船队第二次出使西洋。直到公元1411年回到国内。这次回来，郑和还押送回来了一批外国人。在面见朱棣时，他滔滔不绝地讲起了这个故事，原来此次出访，船队回到锡兰山时，当地的国王亚烈苦奈（nài）儿把郑和他们骗进国中，妄图截留、霸占他们的船只。机敏的郑和趁他们宫中空虚，率领两千多名部下攻占皇宫，抓住了贪婪的亚烈苦

明成祖朱棣

奈儿和其妻子儿女、臣僚等,还打败了亚烈苦奈儿派去抢夺船只的部队。他们把亚烈苦奈儿等押解回了明朝,请朱棣发落。

朱棣听完他的讲述,不禁为亚烈苦奈儿愚蠢无知的行为感到可笑,宽大为怀的明朝皇帝最终赦免了他们的罪过,释放他们回国,并且赏赐了出海有功的郑和等人。

郑和和他的船队还帮助不少国家解决了争端。

在满加剌西面的苏门答腊,国王在战争中中流箭而死。王子还年幼,王后立下誓言:"谁能替我报了仇,我就嫁给谁,和谁共同执掌国政。"后来国内一个渔翁替国王报了仇,王后就和渔翁结婚,渔翁从此自称老王。王子很快长大了,后来与部下杀死了老王,重登王位。老王的弟弟苏干剌逃进山中,带领部下不断骚扰民众。

1412年,第三次远洋出海的郑和等人遭到他们的骚扰。原来,苏干剌以郑和没有代表明朝向他颁赐礼物为名,率领数万人,攻击郑和的船队。郑和部属奋起反击,大败苏干剌等,又乘胜追击,抓获了苏干剌及其妻子儿女等。由于耽搁,第三次下西洋的郑和在1415年初秋才回到国内。苏门答腊国王非常感谢他们出手相助,派使者来到应天,向明朝皇帝朱棣一再表示感谢。

郑和第四次下西洋主要是护送各国使臣回国。公元1416年12月,满剌加、古里等19国贡使齐聚大明皇宫,他们是来向朱棣辞行的。朱棣依"礼尚往来"的原则,特派郑和等带上礼品和他们一起出发,前去答谢各国君主。直到1419年7月,郑和在遍访满剌加、古里等19国之后才回到都城应天。

永乐十九年(1427年)春,郑和率船队第五次远航西洋。第二年秋天回到国内。

公元1421年，郑和第六次下西洋，奉朱棣的命令护送16国使臣回家，在公元1422年回到国内。1424年，明成祖朱棣去世。继位的仁宗皇帝朱高炽深感国力空虚，中止了郑和的出海行动。

直到宣德皇帝在位的公元1430年，郑和、王景弘才再次出使忽鲁谟斯等17国，公元1433年回国。

郑和率领船队先后七次下西洋，到过四十多个国家，通过贸易等活动与各国往来、互通有无，加强了彼此的交流，在世界历史上堪称一项惊人的壮举。尽管几百年过去了，在郑和与他的宝船足迹踏过的地方，他们的故事还在世界各地流传。

满剌加王朝即马六甲王国。图为当地人民在为纪念郑和所修建的三保庙门额上悬挂的牌匾

中国城市里的西方风情

今天,游客们到上海、天津、青岛这样的城市旅行,租界是一个绕不开的独特景点。在这块特殊的区域,高耸的钟楼、婉约的乡村别墅、美轮美奂的西式风情吸引着众多游客。然而这幅美丽的异域风情,却是对中国人心底一段屈辱难忘的历史见证。

19世纪,腐朽落后的清政府领导下的中国成了西方侵略者觊觎的一块神秘东方地域。这里富饶的土地、丰富的资源,成为他们虎视眈眈的对象。从1840年鸦片战争之后,外国侵略者的坚船利炮打开了闭关锁国的中国大门,强迫清政府签订了一系列不平等条约。

条约的内容当中,除了向西方国家交大量白银之外,一项重要的内容就是割地,也就是开放租界。为了掌握中国的经济,开放贸易,侵略者们控制了中国重要的通商口岸,并在通商口岸划出一部分土地作为他们直接管理的区域,这些地方就成了所谓的"租界"。

租界就像一个独立的王国,统治权完全属于外国人,外国政府在这里设法院、监狱、市政管理机关和税收机关。外国侵略者在租界内为非作歹、为所欲为,租界实际上成了"国中之国"。

在所有的通商口岸中,最早设立租界的是临海的上海。上海地处产茶和产丝的长江中下游地区,商品经济本来就在国内领先,外国侵略者看中了这得天独厚的对外贸易条件,纷纷想尽办法在这里分一杯羹。英国人首先用欺诈清政府的办法,第一个得到了在上海设租界的权利。

当时的上海道台叫宫慕久,英国人就从他开始下手。1843年,英国领事巴富尔到上海和宫慕久交涉,租了上海县城外黄浦江边的130亩荒地设英国领事馆。1845年,得寸进尺的巴富尔又要逼宫慕久签订《上海租地章程》。宫慕久左右为难,既不敢答应又怕得罪洋人,只好拖着。狡猾的巴富尔明白他的想法,就软硬兼施地说,划分专用区域,可以避免中国人和外国人发生纠纷,"如果不划给我们专用区域,今后中国人和外国人发生纠纷,你要负全部责任"!胆小无能的宫慕久最后还是答应了巴富尔。

为什么说租界是"国中之国"呢?可以从《上海租地章程》中英国人耍的花招中看出端倪,它可以说是租界制度的奠基石。章程划定了上海八百三十亩土地为英国人租界,就是洋泾浜(今延安东路)以北,李家庄(今北京东路)以南,黄浦江以西,边路(今河南中路)以东的地方,1848年英租界扩充到二千八百多亩。这个章程粗看起来似乎并没取消中国在出租土地上的主权,但是英国人在内容上使尽了手段。比如,章程规定,洋商租地建房后,可以停租,也可以转租给别人,但"业主不得任意停租",就好比现在租房子,租户只要花很少的钱,就可以永久使用,但是业主却毫无主动权。章程还规定:"租地租屋洋商应商量修建木石桥梁,保持道路清洁,树立路灯,设立灭火机,种树,保护道路,挖沟排水,雇佣更夫。领事官员经各租主的要求,召集会议,共同商议,来摊派以上各项所需用的经费。"愚蠢的清朝官员只看到洋人们愿意花钱修桥铺路,以为不会吃亏,可这只是英国人伏埋下的一个陷阱。还有一处规定:"别国愿意在划归英商所租的洋泾浜界址内租地建房或赁屋居住、存货的人,应该先向英国领事官员申请,看看能不能获得批准,以免误会。"这样,清政府就把租界内的最高权力完全拱手让给了英国人。

各国政府看到英国政府在租界占尽好处,便纷纷效仿他们的做法。1848年,美国的文惠廉牧师提出了在虹口区建造教堂并将附近划为美租界的非分要求,得到了上海道台的同意,虹口区的租界逐渐扩展到近八千亩地。1849年法国人紧随其后,把英租界南面的地方划为自己的租界,法租界从起初的五百多亩地扩展到一千二百多亩。1863年,英、美租界合并成"公共租界",并在里面设置了一个类似小型政府的机构——"工部局"。

随着外国侵略势力的扩张和清政府的腐败无能,租界越来越多,继上海后,英、美、德、法、俄、日等国又在广州、厦门、福州、天津、镇江、汉口、九江、芜湖、重庆、杭州、苏州、沙市、鼓浪屿、长沙等地设立了租界。

租界是外国侵略者奴役压榨中国人的基地，他们在这里干尽丧失天良的事，他们以兴办企业、贩卖化工等方式榨取中国人的血汗。1894年前，外国人在中国设立的工厂、船坞、银行大都集中在租界区。他们利用中国廉价的劳动力，甚至雇佣童工来榨取中国的民脂民膏。贩卖华工也是外国侵略者的累累罪行之一。他们用药酒把中国人灌醉后骗走，或在僻静处用强行装入麻袋劫走等手段来掠卖华工。华工被装进船舱中，只能从舱门上的一个洞出入。华工屈膝挤在人满为患的船舱里远涉重洋，一路上不但吃不饱，连喝水也只准用细竹管吸上一点。华工李阿保1857年被卖出国，回忆起船上的经历痛不欲生，船上"渴死五十多人。亲眼看见有一个中国人偷了一杯水，竟被船主活活打死"。至于在船上生病的，一旦发现就被扔进海里。外国刽子手们用尽种种恐怖手段对付反抗的人，他们把华工吊在桅杆上用枪打，或把人捆起来活活扔下海去，甚至开膛火焚。在这种种摧残折磨下，华工们上了这种被称为"浮动地狱"的船，就像进了鬼门关。

外国侵略者还把租界作为政治上奴役中国人民的据点，他们勾结中国反动势力镇压中国人民革命，干涉中国内政。美国驻上海领事馆招募各国流氓组成"洋枪队"直接同太平军作战。上海小刀会起义时，英、法、美三国联

天津奥租界

天津法租界

合在上海城和租界间筑造围墙，切断小刀会的给养，最后干脆用军舰大炮向起义军发动进攻，公开镇压中国的革命力量。

探究其深层的文化意义，租界还是外国侵略者在思想意识上麻醉、毒害中国人民的反动堡垒，是对中国进行文化侵略、愚弄中国人民的大本营。他们在租界里设教堂、开医院、建学校、办报纸，表面是慈善的面容，实际上却对中国人行欺辱之实。租界内的外国医生要给头上生疮的外国人移植头皮，竟在街上随便抓来乞丐，剥下头皮贴到外国人头上，然后把血流满面的乞丐赶出医院。传教士办的孤儿院里，中国孤儿们吃糠麸，每天干重活达十至十二个小时。在营养不良和超负荷劳动的折磨下，许多孤儿生了重病，在痛苦当中就被抬出去活埋。

星罗棋布的租界是旧中国积贫积弱、受尽凌辱的象征，如同长在一个备受欺凌的弱者身上的疮疤。直到新中国成立，中华民族走上独立自主的道路，这些疮疤才终于被彻底清除。

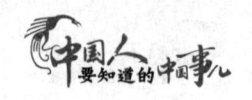

中国近代第一位留学生
与留美幼童计划

古人讲，读万卷书，行万里路。讲的是要想成才，既要多读书，又得四处游历，增长见闻，才能积累知识，提升才干。所以很多今天的中国人选择走出国门，去世界各地留学游历。作为留学生的前辈，在国内还是私塾遍地、大家都在学习四书五经考科举的清末时期，有一位先驱率先走出国门，远赴海外，到至今仍然是世界一流的耶鲁大学求学；并且在他的组织带动下，一批批后辈踏着他的足迹，到美国学习，接受西方一流的现代化大学教育，把西方先进的理念带到了国内。这位率先走出国门的先驱就是容闳（hóng）。

容闳，字达萌，号纯甫，1828年出生在广东香山县（今中山县）一个贫寒的家庭里。年幼时期的他曾在澳门马礼逊学堂学习，后因家境困苦，为了谋生，1847年他跟随该校校长到了美国，在麻省孟松学校学习，并通过努力在1850年考进了著名的耶鲁大学求学。

容闳在耶鲁大学系统地接受了现代化的大学教育，学习了自然科学和社会科学知识。随着见闻的日益增长，他反观国内，逐渐认清了清王朝腐败无能的现实。这位热爱祖国的青年立下了为祖国振兴富强而奋斗的远大志向。经过几年的学习，1854年，容闳形容自己成了"第一中国留学生毕业于美国第一等大学者"，以优异的成绩从耶鲁大学毕业了。

毕业后，由于深感"中国国民身受无限痛苦，无限压制"而"无时不耿耿于心"，他毅然拒绝了很多美国人对他的热情挽留，决定回国报效。在这种拳拳报国之心的感召下，1854年年底，怀揣着羊皮纸的耶鲁大学毕业文凭，容闳踏上了从纽约回国的归程。志向远大的他筹划着回国以后，要以自身所学灌输西方的学术，推动祖国走向文明富强。

容闳回国便踏上了一条报国之路，他四处奔走游历，探寻改造中国的新途径。他曾经先后供职于广州美国公使馆、香港高等审判厅、上海海关等处。在香港的时候，他无意中结识了后来太平天国的干王洪仁玕（gān）。当时，太平天国运动如火如荼，1860年，太平军击破清军的江南大营，解除了清军对天京的包围。十一月，容闳和两个美国传教士通过对天京进行实地访问和考察，向洪仁玕提出了七项新政的建议。然而由于种种原因，这些建议未被采纳。于是，他离开了太平军再寻他途。

容闳

几经努力，容闳终于踏出了"西学东渐"的第一步——选拔派遣留学生出国。支持这项计划的关键人物是洋务运动的代表者、清王朝的封疆大吏曾国藩。1863年，容闳有幸见到了被他尊称为"完全之真君子，而为清代第一流人物"的曾国藩，并积极地向曾推广自己"西学东渐"的计划，寻求支持。

他的想法打动了洋务派，1868年，容闳通过江苏巡抚丁日昌向清政府提出了选派幼童出洋留学的建议。按照他们最初的计划，在美国设立留学生事务所，设正副监督官，管理留学生的学习和生活；从海关收入中划拨部分经费，作为留学生费用；共选拔120人，每年派30人分4年完成；幼童年龄12至14岁，学习期限15年。

经过容闳的不断努力，清政府于1870年批准了这个计划。容闳于是在上海设立预备学校，招收幼童学习中、英文，每半年举行考试，合格者送往美国留学。1872年到1875年间，清政府每年派遣30人，完成了输送120人的计划。容闳受命主持这一事宜，后担任留美学生监督，不久又被清政府任命为驻美副公使。

首批赴美幼童

　　在他的努力下，这些年轻人远洋航海，住进了美国人的家里，进入学校学习自然科学知识，他们和美国同学一起打棒球，玩足球、皮划艇，很快适应了美国的环境，并以刻苦学习和不断努力赢得了当地人对他们的认可。容闳给予幼童的学习和生活极大的自由，时常帮助他们针对清政府提出的质疑进行辩护。

　　留美幼童计划的开展，原本是中国人接受现代教育的绝佳机会，但却因为当时当权派的守旧，不久之后就流产了。

　　幼童出国后，他们在美的学习、生活不断地遭到清廷中思想守旧、敌视西方文化的保守势力的反对和阻挠。其中第三任留学生监督吴子登和驻美公使陈兰彬，不但为他们在美的学习生活设置重重障碍，还私下向清政府报告杜撰歪曲事实，污蔑抹黑留美学生，危言耸听地夸大"全盘西化"的危险，建议撤回留美学童。这时国内由曾国藩推荐主持"洋务"的李鸿章首鼠两端，同意了他们的意见。1881年，120名赴美留学生被迫全部返国。

　　幼童赴美计划就这样不了了之，容闳倍感失望。经过这次教训，他感到清政府的统治已是日落西山、岌岌可危了，遂积极投身于康、梁倡导的变法维新运动。

留美幼童计划是我国近代对外交流中的重要事件，尽管绝大多数的留美学生没能完成学业就被迫返国了，但他们中间仍然涌现出一批杰出人物，如首次以中国人自己的力量设计并领导修建了京张铁路的詹天佑，甲午海战中因表现英勇获授"巴图鲁"称号的吴应科，作品至今仍广泛流传于欧美的唐诗翻译者蔡廷干，清末的外务部尚书梁敦彦，民初国务总理唐绍仪等等，都在历史上书写了特别的一笔。

尽管容闳首倡的幼童留学计划并未持续下去，但是他的这些努力首开中国近代留学浪潮之先河，他本人也被誉为中国近代"西学东渐"的先行者。

梁敦彦是晚清最后一任外务部大臣

外交必备手册《瀛环志略》

古人云,秀才不出门,便知天下事。说的是文人饱读诗书,能从书上得到丰富的知识。在清朝,就有一位这样的"秀才",没有迈出国门,只靠着一支笔,写尽了世界各地的风土人情。这位"秀才"就是山西五台山人徐继畲（shē）,在1848年,他写完了近代中国一部系统介绍世界历史、地理状况的著作——10卷本的《瀛（yíng）环志略》。

今天看来,《瀛环志略》可以称得上是当时的"畅销书",一经出版问世便风行开来,多次翻刻出版。晚清的驻外公使、外交官员把它作为案头必备之书,随时查阅。后来甚至传入日本,对日本维新人士和日本人世界地理知识的启蒙,也产生了巨大的影响。

为什么《瀛环志略》会有这么大的魅力呢?那得从这本书丰富的内容说起,全书14万多字,配有地图42幅,以图为纲,系统地介绍了约八十个国家和地区的地理、历史沿革、风土人情以及各国的重大事件和商务情况。

全书结构紧凑,条理清晰,比较完整地体现出了近代世界地理的全貌。作者首先在前3卷全面地介绍了地球的形状,分述亚洲、非洲、欧洲、南北美洲的具体方位,讲述地球的基本知识以及亚洲各国的概况；在第4至第7卷,则突出介绍了欧洲主要国家英、法等国的政治经济概况；第8至第10卷,记述了非洲、南北美洲各国的概况。

在当时中西方差异巨大、中国备受西方奴役的情况下,徐继畲详细介绍了英国、法国、美国等主要侵略中国的西方国家的情况,他还在书中着墨介绍了英国首相负责的内阁制和美国总统华盛顿的故事。

他写道，英国有两位相，一位专司国内政务，另一位专司外国事务。公会所（议会）作用很大，内部分为爵房（即上议院）和乡绅房（即众议院）两所，其中爵房中主要是由拥有爵位的贵族、耶稣教士所组成的。参加乡绅房的则是庶民推选出的有才识、懂学术的人。他还介绍了他们的工作职责：每当决定国家大事的时候，国王就谕告首相，首相告诉爵房（议会），召集大家集体议定，并参照法律条例，决定是否行事；然后把决定复转给乡绅房，由乡绅房议员校审后，才能实行，政策的实施是需要乡绅房大众允诺的。

《瀛环志略》清刻本

徐继畬还花费了很多笔墨来描写美国资本主义制度的缔造者华盛顿，赞美他有中国远古三代时的遗意。他写道，率领人民赶走英军、被推选为国王的华盛顿，声明任何人不能把国家作为私人所有，应选择德高望重者为国王，而且四年一选，每人不能连任两届以上。他认为华盛顿比中国起义的陈胜、吴广英勇，比曹操、刘备更称得上英雄——努力开辟万里江山，却不僭（jiàn）位，不传子孙，可称作是异人。徐继畬还认为美利坚国家公开、公正处理政事的方式，古今未有，美国的华盛顿是西方最了不起的人物。

经济上，徐继畬尝试解释了西方资本主义社会经济发达的原因。他认为，欧罗巴（欧洲）等国，重视商贾贸易，有关税却没有田赋，航海贸易不辞道路险远，在世界各大洋设立很多贸易据点，一方面是因为他们擅长航船，另外主要是他们的国计民生仰赖于此，所以必须全力以赴。他说，英国人性情缜密，善于思考，擅长制器。金木工艺，精巧得不可思议，用水火的方法尤其奇妙，造船的方法也很神奇。所以，英人能越过大洋通商中国，这是有一定的积累的。

政治上，徐继畬分析了资本主义国家之间的相互矛盾和斗争。他认为，英法反对俄国吞并土耳其，并非是因为善良保护弱国，而是因为土耳其地理位置非常重要。沙俄一旦得逞，就兼有黑海、地中海、波罗的海三海的地位，扼住了欧洲的咽喉，给欧洲各国造成极大的威胁，所以英、法力保土耳其。他认为欧洲情势和中国的战国时期相像，有合纵连横的政策区分。《瀛环志略》还对葡萄牙人贩卖非洲黑奴进行了尖锐的批判。

徐继畬能够写成这本书，得益于他对外国史地知识广泛深入的掌握。例如有一次，他请英国驻福州领事阿礼国夫人绘制一幅世界地图，要求她用不同颜色，标出各国的地域。当徐继畬看到新绘制的地图，立即发现地图上漏绘了阿富汗国。他马上写信，就这个细节提出了询问。一件小事，足见他丰富的知识积累。

一开篇我们就说过，徐继畬并未出过国，他是怎么想起来写这么一本书的呢？书中丰富的内容又是从何处得来的呢？让我们慢慢地了解徐继畬的人生经历和写作过程。

徐继畬，字健男，号松龛，出身于一个小官僚家庭。本着当时读书入仕的追求，1826年考中进士后，他踏上了封建社会的正道，开始在官场上翻滚，先后做过陕西道监察御史、广西浔州知府等。当外国侵略者以鸦片战争为开端侵入中国国门时，他恰好在战争的最前线——福建、广东等东南沿海一带为官，先后为福建延津郡按察使、福建布政史、福建巡抚等。

徐继畬撰写《瀛环志略》的过程，无时无刻不伴随着对清政府国威不再的疑惑。和当时许多中国人一样，西方列强的船坚炮利带给他极大的冲击，他不断思考，文武将帅接踵而死，却不能损伤这些"逆夷"毫末，清政府两百年全盛的国威，为什么被来自数万里之遥的列强捆住了手脚。强烈的对比，激发了他了解西方列强真实面貌的强烈好奇心。为了知己知彼，他利用为官闽粤沿海、与西方人直接接触、便于了解西方情况的优势，花费五年时间，广泛搜求、诠释中西文献，为编著《瀛环志略》打下了坚实的基础。

美国归正会传教士雅俾（bǐ）理可以说是徐继畬海外知识迅速增长的一个见证人，徐继畬对世界历史地理的学习兴趣，很大程度上因他而起。两人相识于1844年，当时徐继畬在福建任职，在会见英国驻厦门领事时认识了他。雅早先在其他国家从事过传教活动，但大多以失败告终。作为第一批到厦门活动的基督教传教士，他很想在中国大干一场，在遇到徐继畬这位清朝大吏时，便非常热情地介绍一些国家的地理和历史情况。通过雅俾理，徐继

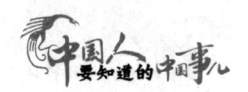

畲还第一次见到了刻绘精细的外国地图。兴趣是最好的老师,他开始大力搜求外国史地知识等一切汉文杂书。他应用当时国外和澳门发行的一些西方各国资料,按照外文本书籍上的插图,临摹世界各大洲地图。他还频频接触甘威廉、李太郭、阿礼国等在华的传教士、医生、商人、官员等。他痴迷于吸收知识,有用的资讯哪怕是只言片语都要保留,遇到外国人,就摊开书卷探疑求证、寻找资料。后来,雅俾理拜访徐继畲,两人再次交谈时,徐继畲的知识已经大为精进了,他兴致勃勃地谈论起当时的世界大事,甚至对拿破仑滑铁卢之战失败的原因、英国与西班牙殖民地的分离经过等,都能条分缕析、讲得中肯到位,使雅俾理大吃一惊、赞叹不已。正是这种不断钻研的精神,成就了《瀛环志略》。

徐继畲的《瀛环志略》是继魏源《海国图志》之后,又一本优秀的世界历史地理著作。这本书在鸦片战争后,向中国人展示了西方国家坚船利炮背后一个陌生而又真实的世界,对中国人了解西方、睁眼看世界,起到了重要的启蒙作用。

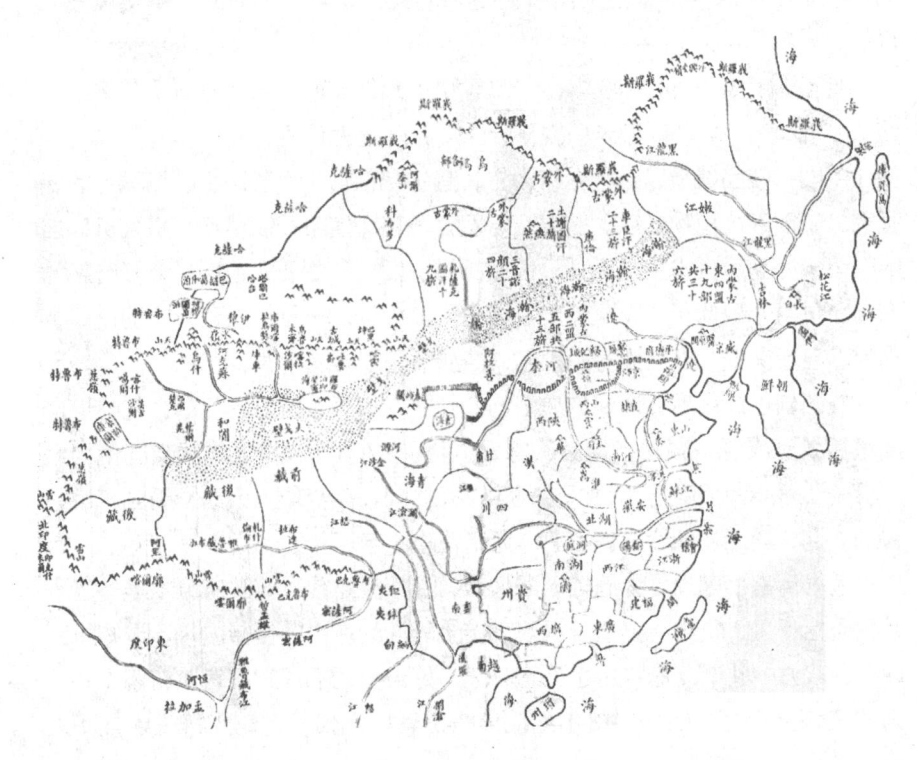

《瀛环志略》中的《皇清一统舆地全图》

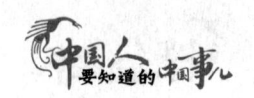

外国公使来访引发的中西礼仪之争

今天的古装电视剧里面,经常能看到皇帝端坐龙椅之上,大臣和民众跪拜在地,高呼万岁的情景。大殿之上的统治者并无尴尬之色,跪拜的人也没有受辱的感觉。是的,这在腐朽落后的封建王朝里,是最平常不过的君臣之礼。然而,这种旧社会司空见惯的礼仪却在很长的时间里成为中西之间争执的焦点,个中原委得从英国使者马戛尔尼觐见乾隆皇帝时的"叩头风波"说起。

马戛尔尼是一位经验丰富的外交家,曾经任英国驻俄国特使。1792年,英国皇室封马戛尔尼为伯爵,同年作为英国特使派往中国,使团成员以各种专家为主,其中包括哲学家、医生、机械专家、画家、制图家、植物学家、航海家、军官及东印度公司职员和军事人员,当时的英国为满足资本主义上升阶段商品经济发展的需要,迫切需要开辟新的市场,马戛尔尼此行,正是瞄准了清王朝的大门。于是,八百余人的使团以为乾隆皇帝庆祝八十三岁寿辰为名,浩浩荡荡地奔赴中国。

使团到达广州后,请两广总督向乾隆皇帝禀报了祝寿的目的,乾隆皇帝闻讯后龙颜大悦,嘱咐各地官员好好款待。1793年,马戛尔尼英国使团乘"狮子"号及两艘随行船只抵达天津,在白河口换小船入大沽,受到直隶总督的欢迎,随后在承德避暑山庄拜见了乾隆皇帝。

根据清宫档案的《上谕档》册记载,在接见之前,清政府原本准备了一系列包括朝见、赏赐、宴请、看戏、游览等活动在内的接待内容。谁知见面以后,双方就礼节问题产生了严重分歧。好大喜功的清政府君臣自诩(xǔ)为"天朝上国",认为马戛尔尼应该按照君臣之仪,向乾隆行三跪九叩之礼。而同样声势浩大的马戛尔尼却认为，三跪严，他认为应当向皇礼节。

乾隆皇帝生气地大，令自己很不高兴。这样无知的化外之人不值得优待。

双方僵持不下，临被驱逐的处境，只求，双方都让步达成共识：在万树园的欢迎宴会上，英国使节行英式单膝跪拜礼，而到澹（dàn）泊敬诚殿正式的乾隆万寿典礼时，他们要行中国的三跪九叩礼。清政府的态度也缓和了，下令接受他们带来的礼物，展示给王公大臣，并且回送他们丰厚的礼物，还命令和珅等大臣带领他们四处参观。

并且别有用心的马九叩有损大英帝国威帝行单膝下跪的英式说，他们这样妄自尊兴。这样无知的化外马戛尔尼见代表团面好答应了清政府的请

马戛尔尼

事后，由于中西双方立场不异，清王朝的记录中，英国使国的记录则表示，代表团仅仅

同，对这件事的记载也存在着差团对乾隆行了三跪九叩礼，而英行了单膝跪地礼。

见面时，马戛尔尼向皇帝呈上了英国国王的表文，并请在京的传教士为皇帝翻译，原来英方在信中要求派人常驻北京，乾隆龙颜大怒并一口回绝。他强硬表示："这与天朝体制不合，断不可行。"这时，他才隐约意识到，英王朝此行并不是奔着给他祝寿来的。

马戛尔尼出发前，英王还曾交代他带给乾隆皇帝一封信，由于种种原因，他没有能将英王的信上交乾隆，只好自己写了一封名为"大不列颠国王请求中国皇帝陛下积极考虑他的特使提出的要求"的信，信中提出的要求是：允许英商在舟山、宁波、天津等处贸易；允许英商在京设一个货栈，在舟山附近指定一个未经设防的小岛供英商居住使用；在广州附近，准许英国获得上述同样权利；由澳门运往广州的英国货物请予免税或减税；公开中国海关税则。这些要求使得英国借贸易干涉中国内政、进行殖民扩张的野心昭然若揭，乾隆断然拒绝了全部要求，并且在给英王的敕书中逐条加以批驳。

谈判最终破裂，清政府任命侍郎松筠为钦差，专门护送英国使团一行起程离京，还传令沿途官员严加防范英国人。使团觐出访完全失败，只得沿运河南下，从广州起航回国。

这次接触与撞击使中英相互之间有了初步了解，对日后中英关系的发展也产生了深刻影响。历史不断重演，二十三年后的嘉庆二十一年（1816年），英国王派遣罗尔·阿美施德率领访华使团再次来到中国提出英国的要求。因为英国使团拒绝向嘉庆皇帝行三跪九叩礼，同样再次被驱逐出境。

然而，在马戛尔尼访华半个世纪后，鸦片战争爆发，帝国主义最终以坚船利炮打开了中国的大门。战后，清政府与英国签订了丧权辱国的《南京条约》，清政府割地赔款，开放通商口岸。英国从东方古国手中，得到了他们觊觎已久的结果。

第二次鸦片战争后，中西方的交流越来越多，礼仪问题不仅始终没有解决，引发的问题却越加明显。清政府内部围绕是否同意外国公使觐（jìn）见，以及觐见时的礼仪问题开展了两次讨论。

乾隆朝服像

1867年，总理衙门上奏命各将军督抚商议包括觐礼在内的外交问题，16位将军督抚奉命讨论却意见各异：一种把西方国家看做蛮夷，认为华夷界限不能动摇，要坚持天朝体制，反对使用西礼觐见皇帝；第二种认为应该同意接受使节觐见，礼仪可以西式或兼顾中西；第三种态度含糊其辞，没有明确表态。但是下级官员的条陈中，多数人反对使用西礼，多种意见使得这次讨论并未解决觐礼问题。

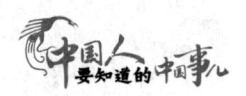

1873年同治皇帝亲政后，西礼和跪拜的争执仍然相持不下。在外交中不断处于下风的清政府最终妥协，与各国使臣达成了以五鞠躬为觐见之礼的协议。这个结果在当时的清政府内部引发了激烈的争论。

　　从清政府的中西礼之争中，反映了清政府当局对国力强盛的追求。但是清朝的最终覆灭也显示，一个国家要在外交中得到尊重，并非是由在以礼仪形式上凌驾他国之上来决定的，只有奋发图强，才能真正实现民族的发展与强大。

向西方传播中国文化的使者——理雅各

在西方国家，一直有一群人，尽管他们金发碧眼，长着西方人的面孔，却精通中国文化，经常对中国的历史事件、文化现象进行介绍、发表评论，人们称他们为"汉学家"，理雅各是一位近代来华的西方传教士，他把大量的中国儒家经典书籍译成英文，介绍给西方世界。他因为中外文化交流贡献卓著而名声大噪，成为早期"汉学家"中的重要代表。

1861年，理雅各英译的《中国经典》（《The Chinese Classic》）第1卷出版了，该卷中包含《论语》、《大学》、《中庸》三本儒教著名典籍，此后理雅各又相继译出了《孟子》、《春秋》、《礼记》、《书经》、《孝经》、《易经》等众多经籍，先后编成二十八卷，成为当时西方汉学研究中的一项重大成果。直到今天，理雅各的译著仍被视为中国经典的标准译本。

理雅各能够成功翻译中国经典著作，得益于他对汉语的精通和熟练运用。作为英国苏格兰人，理雅各与中国结缘始于他开展的传教布道工作。大学期间，理雅各就为一些传教士海外艰苦的布道传教活动吸引。大学毕业不久，他放弃了优越的工作职位，投考神学院，在那里接受了系统的宗教训练。神学院快毕业时，他主动提出要到遥远的中国传教布道，并得到伦敦传教会的批准。

1839年，理雅各操着并不流利的汉语，

与新婚不久的妻子横渡大洋，次年到达南洋的马六甲。当时，英华书院是伦敦传教会设在东方的培养教会人才的基地，是由第一个来华的基督教新教传教士马礼逊所创办的，理雅各出任了这所学校的校长。

当时，正逢鸦片战争之后，英国侵华势力急剧发展，为适应新的扩张需求，1843年，理雅各不辞辛苦地把英华书院迁到了英国在华的大本营——根据中英《南京条约》而刚刚占据的香港。随后，他一方面给中国青少年学生讲授基督教教义，另一方面四处从事传教活动。

当时，不少传教士主张要用西方的上帝来开化异教的中国，用耶稣代替孔子。然而，随着布道授业过程中理雅各汉语水平的精进，他阅读了大量儒家经典，渐渐理解了孔子学说及其学说的魅力，意识到这些学说在中国社会中的地位和影响力，抛弃了以耶稣代替孔子的想法。他认为，孔子是古代著作事迹的保存者，是中国黄金时代箴（zhēn）言的诠释者。过去，孔子是中国人中的中国人，而现在情况变化了，正如所有的人都相信他那样，孔子是以最好的和最崇高的身份，代表着人类最美的理想。这些想法，使他相信作为一个在中国传授基督教教义的特使，应该对孔子和孔子的学说有所学习和理解。只有透彻掌握中国人的经书，全面地考察清楚中国圣贤所建立的道德、社会、政治生活基础和思想领域，一个牧师才能真正担当起传教的职责。他甚至提出，基督教教义与中国的儒家学说存在着不少共同之处，两者可以相互包含。

清末香港九龙渡口

观念逐渐改变以后，他到香港便开始着手研究和翻译中国儒家经典著作，并制订了详细的计划。他拿出传播和教学业务之余的一切空闲时间，埋头翻译。每天半夜三点钟起床，工作五六个小时后，吃完早餐又去上课或布道。

不得不提的是，理雅各的翻译成就，也凝聚着中国人的心血。早期维新思想家王韬曾经担任理雅各翻译中的重要帮手。王韬年轻时在外国传教士麦都恩办的上海墨海书馆做佣人，辅助麦都恩、艾约瑟、伟烈亚力等人翻译、编校西书，向中国读者介绍西方的声、光、化、电等自然科学知识。太平天国定都天京后，直逼上海。王韬化名写信向太平军提出军事战略建议，却被清军截获。王韬成了清政府的通缉犯，开始逃亡。在麦都恩的介绍下，王韬受邀到香港英华书院，帮助理雅各译书。他到香港后，先后五年，帮助理雅各翻译了《书经》、《竹书纪年》、《诗经》等。后，理雅各还邀请他去英国助译，直到1870年才返归香港。也正是这几年的海外游历，王韬顺便参观了英国、法国、俄国等多处地方，眼界大开，并逐渐形成了自己的维新改良主张。

朋友们也向理雅各伸出援手，免去了他缺少资金支持的后顾之忧。1856年，他把正在从事的翻译工作和对未来的打算告诉了一些朋友，朋友们帮助他找到捐款资助人，解决了出版费用的大问题。

理雅各对中国文化的介绍不局限于翻译经典，他还撰写了《中国关于神鬼的观念》、《中国的宗教：儒教和道教评述及其同基督教的比较》、《孔子的生平和学说》、《孟子的生平和学说》等著作。他对中国儒家经典汉文西译的投入，为他带来了许多荣誉。作为享誉欧洲的著名汉学家，他的母校阿伯丁大学授予他法学博士学位，英国牛津大学后来开设汉学讲座，理雅各成为牛津第一位汉学教授，长期主持讲学活动，介绍了大量的中国历史文化、宗教哲学、文学艺术等中国文化知识，为英国培养了不少汉学研究人才。

清政府外交使团中的西方领队

鸦片战争后，随着西方列强的入侵，清政府被动打开国门，但是，长期的闭关锁国政策导致落后顽固的观念，腐朽的清政府在与西方列强的交涉中一直处于被动挨打的局面，甚至出现了很多可笑的场景。当时，有外国使节来访中华，在面见皇帝或皇帝的代表时，还必须对天朝上国的最高统治者行三跪九叩的跪拜礼，这个繁琐而又缺乏对人尊重的礼节，对初来乍到的外国使节，行起来就不那么容易了。到了近代，由跪拜礼而形成的中西礼仪之争，甚至成了中西互相交往的巨大障碍。清政府逐渐意识到在交往中加深对西方了解的重要性。于是，他们派出了第一个外交使团。令人跌破眼镜的是，这个使团的领队竟然是一位美国人。此人刚从美利坚驻华公使的职位上卸任不久，又被中国政府聘用，名叫蒲安臣。蒲安臣之所以能成行，与他和清政府的密切来往是分不开的。

蒲安臣（1814年—1870年），是美国著名的律师、政治家和外交家，毕业于美国哈佛大学法学院，曾积极支持林肯总统反对奴隶制度，担任过国会议员，1861年起到北京担任驻华公使。

作为一个外国人他又是如何成为中国代表团首领的呢？

自清王朝成立以来，大清国一直很少与其他国家直接交流，在第二次鸦片战争后，西方国家纷纷派国家使节常驻北京，出现了一系列令清政府头疼的外交课题，外国公使面见皇帝时的礼仪问题就让主持洋务工作的奕䜣（yì xīn）等人大费周章。奕䜣等人也想要派中国使节去国外了解外国的情况。但是刚刚接触西方的中国，因为语言和礼仪的限制，一直没有挑选出一个合适的使才人选。1867年，蒲安臣担任驻华公使已经六年，即将离任回美国。十一月底，总理衙门为他举办了饯行宴会。宴会期间，宾主相谈甚欢，奕䜣突然意识到，蒲安臣对中西方情况都很了解，与清政府交好，完全可以胜任清政府首次派出的外国使团团长一职。于是，恭亲王奕䜣上报清廷，建议委任蒲安臣担任中国首任全权使节，办理中外交涉事务，代表中国政府出使美国、英国、法国、普鲁士、俄国等国家，进行中国首次近代外交活动，这个意见随即被采纳。

1868年2月25日，蒲安臣使团一行三十人，从上海虹口黄浦江码头乘坐"格斯达哥里"号轮船起航前往美国旧金山。蒲安臣有两名副手，左协理英国使馆翻译柏卓安，右协理海关税务司法籍职员德善。一同出访的有中国官员海关道志刚和礼部郎中孙家谷。

蒲安臣使团的出使任务，一是在各国打通关系，为清政府在即将举行的修约谈判中不致陷入完全被动早做准备；二是借机了解各国的一些政治、经济、文化等情况，为派驻外国使臣打基础。清政府还制定了《蒲安臣阅看条款》，来牵制蒲安臣，条款规定，蒲公臣虽然是领路人，但随行的中国官员与蒲安臣等级平行，都是出访大臣。蒲安臣处理的事情必须详细告知中国官员。因为中西礼节还没有确定，在与西方会晤时，遇难题志刚、孙家谷可以免见，蒲安臣来代替解释。"如果遇到各国交涉事宜，蒲安臣必须与出使的中国官员妥当商量后，报呈总理衙门核定；发给使团的关防只供内部文书函信盖用；出使日期暂定为一年"，蒲安臣大体上遵照着条款的规定行动。

1868年四月，蒲安臣率团到达美国旧金山。五月中，加利福尼亚州州长在招待宴会上称蒲安臣是"最年轻的一个政府的儿子和最古老的一个政府的代表"。六月，美国第十七任总统安德雷·约翰逊接见了蒲安臣、孙家谷、志刚。使团还到美国旧金山、波士顿等地访问参观，蒲安臣以中国

蒲安臣

钦差大臣身份一路不断进行演讲。他在演讲中代表中国政府的立场，强调中国欢迎美国的商人和传教士，而各国应该保持中国的独立地位，并让中国按照自己的时间和方式，寻求自我发展。"我希望它能获得平等，这样它就能以平等的特权给予一切国家。"蒲安臣还警告西方，如果强力去压迫中国这一伟大的民族，最终将两败俱伤，压迫者也会被卷入战争的泥淖（nào）中。七月，蒲安臣、志刚、孙家谷代表中国政府，与美国国务卿西华德签订了《中美续增条约》，即所谓的《蒲安臣条约》，条约中有很多对中国政府及在美国的华人有利的条款，美国承认中国是平等的国家，承诺不干预中国内政，反对割让中国领土的要求；规定"大清国与大美国切念人民互相来往，或游历，或贸易，或久居，得以自由，方有利益"。美国也通过这一条约获利，如根据条约得到廉价华工，解决了修建太平洋铁路劳动力紧缺的问题。条约签订时，蒲安臣并没有及时向清政府总理衙门请示，但清政府第二年很快就批准了这个条约。

恭亲王奕䜣

蒲安臣以"中国钦差"的独特身份得到了各国的热情接待。

十月，蒲安臣使团在英国伦敦温莎宫受到了维多利亚女王的接见。在之后的交涉中，英方表示英国政府愿意同中国政府以和平方式解决问题，尊重中国的独立，承诺不再进行威胁中国安全的行动，并表示相对于同各地方官吏交涉，英方更愿意同中国中央政府直接接触。英方的交换条件是中国应当忠实遵守各种条约义务。蒲安臣在英国大体上完成了使命，达成了既定目标。

第二年一月，蒲安臣获得了法国皇帝拿破仑三世的接见。法国外交部也发表声明，强调对华政策与英国保持一致。但是由于法国反对势力强硬，尽管蒲安臣一行在法国滞留了半年多的时间，却并没有取得实质性进展。使团还从普鲁士"铁血宰相"俾（bǐ）斯麦那里得到了尊重中国主权的承诺。

1879年，蒲安臣使团到达俄罗斯以后，受到了沙皇亚历山大二世的接

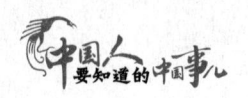

见。在与沙皇交涉中俄领土纷争等实质性问题时，沙皇的不断回避使得蒲安臣心情抑郁愁闷。接见后第二天就感染了肺炎，不久在俄国病逝。

志刚等中国官员跟随蒲安臣游历了欧美各国，大开眼界，培养了一定的对外交涉常识和工作能力。蒲安臣病逝后，志刚受命率领使团继续与沙俄外交部谈判。谈判中俄方提出了一连串无理要求，他们要求在中国的东海岸新铺一条海底电线，俄商货物在中国陆路畅行，允许黑龙江商民卖粮食给俄国等等。志刚在谈判中不卑不亢，据理一一驳斥沙俄提出的无理要求，有理有节的回答令俄方官员都不得不点头称是。蒲安臣使团经过两年半的出访努力，于1870年十月回国。

蒲安臣的参与，使得中国政府的第一次出访取得了一系列积极性进展，也为后来清政府派出郭嵩焘出使英国打下基础。蒲安臣使团的活动对当时封闭守旧的中国睁开眼睛认识世界、走向世界产生了重大的意义。

首开官方西书中译风气的江南制造局翻译馆

19世纪五十年代,清廷重臣曾国藩在镇压太平天国运动的过程中,为西方坚船利炮的巨大威力深深震撼,决心引进西方先进技术。1865年,曾国藩、李鸿章共同组织创建了江南制造局,这是清政府第一个初具规模的近代军事工业企业。江南制造局设机器厂、轮船厂、枪厂、火药厂等,专门负责制造军舰枪支,为清政府提供现代化军事器械。然而在制造过程中对西方资料的应用,使得建造者逐渐意识到翻译、引进西方科技书籍的重要性,于是在1868年六月江南制造局翻译馆成立了。翻译馆首开官方传播西方科技成果之风气,对近代西方思想文化在中国的传播影响甚巨。

江南制造局的成就离不开一批对西方科技进步兴趣盎(àng)然的翻译家,从成立起就和我国近代化学家徐寿的推动关系紧密。徐寿幼时因目睹清政府的腐朽,认识到读经学对国家发展无益,转而开始研究自然科学。他和

江南制造局

同乡华蘅芳后来成为曾国藩的幕僚，并在1862年共同研制出中国第一艘蒸汽机轮船"黄鹄（hú）"号，为此清政府赐给他"天下第一巧匠"的匾额。1867年，曾国藩派徐寿和他的儿子徐建寅到上海江南机器制造局主持技术工作。在工作过程中，徐寿向曾国藩提了的四条建议：翻译西书、开煤炼铁、自造大炮、操练轮船水师，得到曾国藩的赞许，于是翻译馆应运而生。曾国藩还派徐寿、华衡芳等专门从事译书工作。

翻译馆成立之初，汇集了一批优秀的中西翻译家，他们各有所长，优势互补，从各个领域引进了一批西方著作，其中西方翻译家主要有传教士伟烈亚力、傅兰雅、林乐知、金楷理等。翻译馆译书先由傅兰雅等外国人口译，再由徐寿等中国翻译家笔述、校对。

徐寿主持馆务的同时，还负责化学汽机方面的翻译，他和英国翻译家傅兰雅等合作，翻译了《汽机发轫》、《化学鉴原》、《化学鉴原续编》、《化学鉴原补编》、《化学考质》、《西艺知新》、《西艺知新续刻》、《营阵发轫》、《测地绘图》、《物体遇热改易记》、《法律医学》等十三种，这些作品基本展示了西方国家当时化学研究的成果，启发了国人对化学的兴趣。

华衡芳负责算学、地质方面的翻译，译著有《代数术》、《三角数理》、《微积溯源》、《决疑数学》、《代数难题》、《合数术》、《地学浅释》等十二种一百六十多卷。徐寿的儿子徐建寅在江南制造局翻译了大批西方科技著作，如：《化学分原》、《声学》、《电学》、《兵学》、《器象显真》、《器象显真图》、《汽机新制》、《汽机必以》、《运规约指》等二十多种。

数学家李善兰、我国早期著名的科技翻译家舒高第、赵元益以及李凤苞、王德均、钟天纬等，都在翻译馆供职。他们克服了语言障碍，在西人口述的基础上执笔著述，从1871至1880年这九年之中，出版了《几何原本》等科学著作以及外国史地书籍98种，销量11000余部，计83454本，销售铜版印刷地图4774幅。一时间，翻译馆成为甲午之战前，自然科学类图书西译著作最主要的出版阵地。他们把西方的声光化电、营阵军械等丰富的自然科学知识宣传给国人，为我国引进了当时世界上先进的多门类的科学技术，尤其是在中国化学、制造学发展史上，代表了洋务运动时期绝大多数中

国人所能了解的最高水平，起到了传播西学、开启民智的作用，在中国近代科技史和中外文化交流史上占有重要的地位。

但是，江南制造局翻译馆的译书也有一定的局限性。因为主要目的是为军工企业武器制造服务，所以翻译作品以军事为主，包括数学、电学、化学、地质学、地理学、天文学、物理学等其他学科，只有极少数反映西方资本主义国家的社会文化、历史、地理、教育、政治等方面的知识书籍。甲午中日海战之后，中国的民族灾难日益深重，公众不再满足于对科技知识的探索，希望了解西方先进的政治制度和思想文化成果。由于江南制造总局翻译馆在这方面知识上的缺漏和局限性，逐步被大同译书局、强学书局、官书局、商务印书馆等新式译书机构赶超，退出了历史舞台。

但是，我们应该看到江南制造局翻译馆的成就和历史意义，它不仅仅局限于译书，更重要的是，它开阔了中国人民的眼界，增加了国人对西方世界的了解，为我国近代科技的发展打下了基础。另外，一大批西方著作的发行，极大地冲击了知识分子传统的思维方式和陈旧的思想意识，影响了谭嗣同、康有为、梁启超等一大批维新人士，为后来的维新运动做了思想理论上的准备。

李鸿章

第一个翻译《马赛曲》的中国人王韬

"起来,起来,祖国的孩子们,光荣的日子已经到来!专制者在反对我们,他们扯起了血腥的旗号,你听,在我们的家园,那些凶残的干涉军在嚎叫,他们一直逼到我们跟前,把我们的妻子和儿女都扼(è)死了,公民们,拿起武器来,组织起战斗队伍,让侵略者污秽(huì)的血液灌溉我们的田地。"

这是法国国歌"马赛曲"的第一节,这首歌原名《莱茵军战歌》,作者名叫鲁热·德·利尔。在法国大革命期间,该歌因富有激情、鼓舞斗志,在法国民众中间脍炙(kuài zhì)人口,广为传唱。在激励法国革命者的同时,这首歌由一位中国的维新思想家王韬带入了中国,受到当时民众的喜爱,在国内广泛传唱起来。

王韬(1828年—1897年)因为学贯中西、见识广博,积极向国人传播西方先进文化而青史留名。《马赛曲》的翻译就是他译介西方文化作品的冰山一角。

王韬原名王利宾,是江苏苏州府甫里村(今江苏用(lù)直镇)人。十八岁时考取秀才后改名为王瀚,字懒今。他的人生履历光辉灿烂,他是第一个在牛津大学举办中文演讲的中国人,曾因创办《循环日报》并发表八百多篇政论被尊为"中国第一报人",以维新变革思想被清廷重臣李鸿章刮目相看,称之"不世英才,胸罗万有",

王韬在青年时期，不但思想开明，还因怀抱报国之心十分关心时局、关注时事动态。他后期对西方文化的深刻了解始于他早期与西方传教士的交往。二十一岁那年，因父亲去世，家庭日渐贫困，为养家糊口，王韬到上海英国传教士麦都恩办的"墨海书馆"工作，协助翻译《圣经》。太平天国运动发生后，王韬曾多次向朝廷献计镇压太平军。1861年太平军逼近上海，身在上海的王韬又化名"黄畹（wǎn）"给太平军写信为太平军出谋划策。李鸿章率军攻占上海后，他的信落到清军手里，于是王韬因通敌被通缉了。麦都恩的儿子当时恰好是上海领事，在他的庇护下，王韬在1862年逃往香港，帮助麦都恩的朋友英华学院院长、英国人理雅各进行儒家经典的中译英工作。

《循环日报》是第一家由中国人独立运营成功的中文报纸

在理雅各的邀请下，王韬在1867年到1870年到英国工作。几年中，他深入了解资本主义国家情况，并建立了自己的变法维新思想。经多方努力，他在1870年随理雅各回到香港，并于1874年在香港创办了中国近代第一份政论报纸《循环日报》，王韬担任该报主笔，发表了大量文章，文章短小精悍、深入浅出、富于感情，对当时文学界和维新派影响巨大，这种文体后被梁启超等发展为一种新的报章文体——政论。王韬在政论中极力主张反帝爱国，向国人宣传维新变法的思想。他根据易经中"穷则变，变则通"的道理，断定"天下事未有久而不变者"；写道"中国何尝不变"。王韬主张以欧洲强国为榜样，总结出改革科举取士法、改革练兵法、改革教育、废除繁文四条变法建议。提倡废除封建专制，建立"与众民共政事，并治天下"的君主立宪制度。王韬主张实业强国，认为"诸利既兴，而中国不富强者，未之有也"。他指出"取之于民不如取之于天地自然之利"，主张通过发展工矿业来增加财政收入。他的部分文章后来结集成为《弢（tāo）园文录外编》，是我国最早的一部报刊政论文集。

作为著名报人，王韬一生写下了约四十种著作。在英国居留的几年里，王韬借机游历了法国，擅长写作的他把自己的见闻经历记录了下来。1870

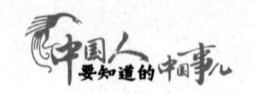

年，欧洲爆发法国和普鲁士的战争。1871年五月战争刚结束。六月，王韬就写成了《普法战纪》，他在书中对普法战争发生的原因、经过作了详细记述；并分析了普鲁士战胜法国的原因，普法战争对欧洲局势的影响以及欧洲新形势对亚洲的影响。王韬编纂这部书的意图，是让中国人更好地了解西方的政治、军事，从中吸取经验教训。这部书在《华字日报》上连载，并被上海《申报》转载，后来又编辑成21万字的单行本，受到李鸿章重视，在日本也引起了很大反响。1879年三月，王韬还应日本一等编修重野成斋、《报知社》主笔栗本锄云等名士邀请，赴日进行了四个月的考察，写成《扶桑游记》一书。

在《普法战纪》第一卷中，王韬以古诗形式翻译了《马赛曲》，这是中国最早的《马赛曲》译文，为当时开启民智、鼓舞国人寻求变革起到了积极作用。而马赛曲也以激昂的情绪，朗朗上口、易于传唱的特点在不同的历史时期对中国的社会进步起到了推动作用。我国留学法国的老一代无产阶级革命家，如周恩来、邓小平等，几乎都会唱法文的《马赛曲》，在艰苦卓绝的革命斗争中，他们经常唱起《马赛曲》鼓舞士气。

第一个记录巴黎公社的中国人

"环游东亚西欧,作宇宙大观,如此壮行能有几;著述连篇累牍(dú),阐古今奥秘,斯真名士不虚生。"这是一幅清朝外交人员张德彝(yí)葬礼上的挽联,也是他一生游历诸国、著述丰富的精彩写照。他作为外交人才先后八次出访各国,在国外度过了二十七年,并将历次出国的见闻记录下来,成为今人研究清末各国风土人情及中西交流的重要资料。

张德彝并不像其他外交重臣一样,因外交重任在身难以顾及其他。作为一名普通的外交人员,他有精力以更加放松的心态对西方的生活习俗进行细致入微的观察,并创下了许多中国人"第一次"的记录:他是国内第一个记述西餐、西方标点符号、自行车、火车、洋琴、若干著名西洋工具、乐器和房屋名称的中国人,第一个进入金字塔参观的中国人。尤为重要的是,在一百多年前的旧中国,他还兼职做起了国际新闻记者,浓墨重彩地记录和描摹了他亲眼见证的一件世界历史上的重大事件——巴黎公社起义,成为第一个记录"巴黎公社"情况的中国人。

张德彝本名德名,出生于1847年,字在初,是镶黄旗人。当时,"洋务运动"如火如荼(tú),为了培养能够办理洋务的人才,1862年洋务派创办了京师同文馆,请外国人来教中国人说写外文。这一年,十五岁的张德彝以优异成绩考进京师同文馆,并于1865年毕业,成为清政府培养的十几名翻译人才之一。随后的四十余年里,他经历了晚清外交史上的诸多重要外交事件,并曾于1868年作为外交通事参加了蒲安臣外交使团出访欧美。

1870年,中国专使崇厚为了结天津教案,代表清政府到法国道歉,张德彝作为随行英文译员随团前往。1871年3月17日,张德彝奉命前往巴黎寻租行馆,谁知第二天举世闻名的巴黎公社起义就爆发了。在随后差不多整整一年的时间里,张德彝在巴黎见证了普法交兵、法国投降、巴黎起义、凡尔赛军队攻占巴黎以及对起义者进行大规模镇压的一系列重大历史场面,并以一个目击者的身份,写下了《随使法国记》,这是迄今为止所知的唯一东方人所写的巴黎公社目击记,在中国近代史和世界近代史的研究上,都具有非常重要的意义。

张德彝外语基础良好,出国多次的经历使他对西方政治、经济和文化情况较为了解,恰逢普法战争爆发,为他记录这一难得的历史事件打下基础。

巴黎公社发生之时,张德彝仅仅是个二十四岁的清朝外交人员,巴黎公社这种完全不同于中国农民起义的革命形式,给他造成了巨大的冲击。因为阶级和历史的局限,他当然无法理解巴黎公社在世界历史中的价值意义,他把巴黎公社称为"叛乱",命名为"红头民政",但是他用清晰的思路记述了普法战争爆发的经过和法国政局变化。他描摹了法国广大人民的抗争,并对巴黎公社志愿军的英勇感到震撼。他写道:有"红头"数万,围攻提督公署(即市政厅),要建立"红头"政权。他认为"叛勇不虐",他亲眼目睹了一千二百余名"叛勇"中,有两行女子,眉宇之间充满雄伟之气,所到之处所向披靡。他们住在高楼大厦中,吃着美味珍馐(xiū),他们视死如归,"快乐眼前,不知有死"。在即将失败之时,就把楼阁奇珍焚烧殆尽。这些叙述再现了法国人民的强大力量。

在5月21日的"五月流血周"之后,经过凡尔赛军队镇压,被抓获的公社人员达两万多人,随后,大批起义人员被处死。这些都被张德彝记录了下来。

6月初,张德彝再次回到巴黎,他目睹了政府军追捕、屠杀起义者,他真实地记录下公社人员大义凛然的气概。到达巴黎当天,他在大街上见到两千多名被俘的公社人员,有的在吸烟者,有的在唱歌,死期将至却丝毫不惧。

随后,张德彝还参观了巴黎公社拆毁的象征着帝国主义和沙文主义的旺多姆圆柱以及被推倒的拿破仑石像,参加了凡尔赛当局为被公社处死的原巴黎大主教达尔布达瓦举行的葬礼。

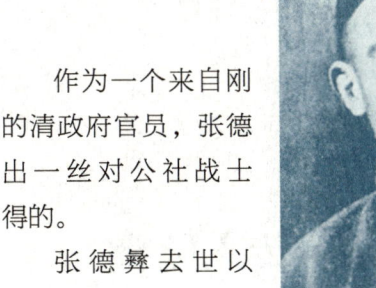

作为一个来自刚刚镇压太平天国运动的清政府官员，张德彝在叙述中隐隐流露出一丝对公社战士的同情，这是非常难得的。

张德彝去世以后，他的后人怕手稿遗失，在1951年上交政府保存在北京图书馆柏林寺书库内。1979年，公众发现了张德彝七十八册日记手稿本，可喜的是，手稿不但大都保存完好，而且在《三述奇》中竟然有目击巴黎公社革命的记载，引起了中国和法国史学界人士的广泛关注。

张德彝一生籍籍无名。直到1981年，在他写作《随使法国记》的110年之后，国人才知道百年之前就有中国人经历并记载过巴黎公社运动。

尽管张德彝在外交领域毫无建树、表现平平，但是作为清政府的一名年轻翻译人员，他能在当时的历史条件下，以翔实的历史材料写下《随使法国记》，是难能可贵的。他的记录，为后人对这一历史事件进行研究提供了宝贵的史料。

张德彝

中国戏剧《赵氏孤儿》传入欧洲

在中西方近代的交流中，大量西方文化作品引入中国国内，西方的先进思想对腐朽的封建文明起到了摧枯拉朽的冲击作用。然而，不可否认的是，尽管中国文化在近代处于劣势，但是在千百年的浩瀚历史中，优异作品数不胜数，尤其是在文学艺术领域。远在今天的中国电影在戛纳等西方电影节备受关注之前，元杂剧的杰出代表作品《赵氏孤儿》就已经在西方广泛流传，吸引了西方一大批中国文化的爱好者，可谓为欧洲文学注入了一股新鲜的血液。

《赵氏孤儿》作为一部经典历史悲剧，这一历史故事经历了一个不断演进的过程，也是国人集体智慧的结晶。赵氏孤儿的相关历史事件最早见于《左传》、《史记》等典籍，主要是讲述春秋时期晋贵族赵氏被奸臣屠岸贾陷害惨遭灭门，赵氏孤儿赵武幸存下来，长大后为家族复仇的故事。到了中国戏剧繁盛顶峰的元代，戏剧家纪君祥将这个故事改编成戏剧广泛流传开来。

在纪君祥的元杂剧中，起初同样是晋国武将屠岸贾在晋王面前诬陷贵族赵盾，使得赵盾全家三百余口惨遭杀害，只有还在襁褓中赵盾的孙子被驸马府大夫程婴救下，幸存于世。为了免除后患，屠岸贾痛下杀手，下令将全国半岁到一岁的幼儿全部杀死，窝藏者将诛九族。为了救护赵氏孤儿，程婴决定献出自己同样幼小的儿子，年迈的原晋国大夫公孙杵敬佩程婴，便主动认下窝藏之罪，和程婴的儿子一起被屠岸贾杀害。赵氏孤儿长大以后，怀着深重的仇恨向屠岸贾寻仇。

这个悲剧故事以深刻的悲剧情节和现实意义打动了当时的观众。赵氏孤儿的母亲、程婴、公孙杵等，代表正义的一方前赴后继地牺牲，在长期反复

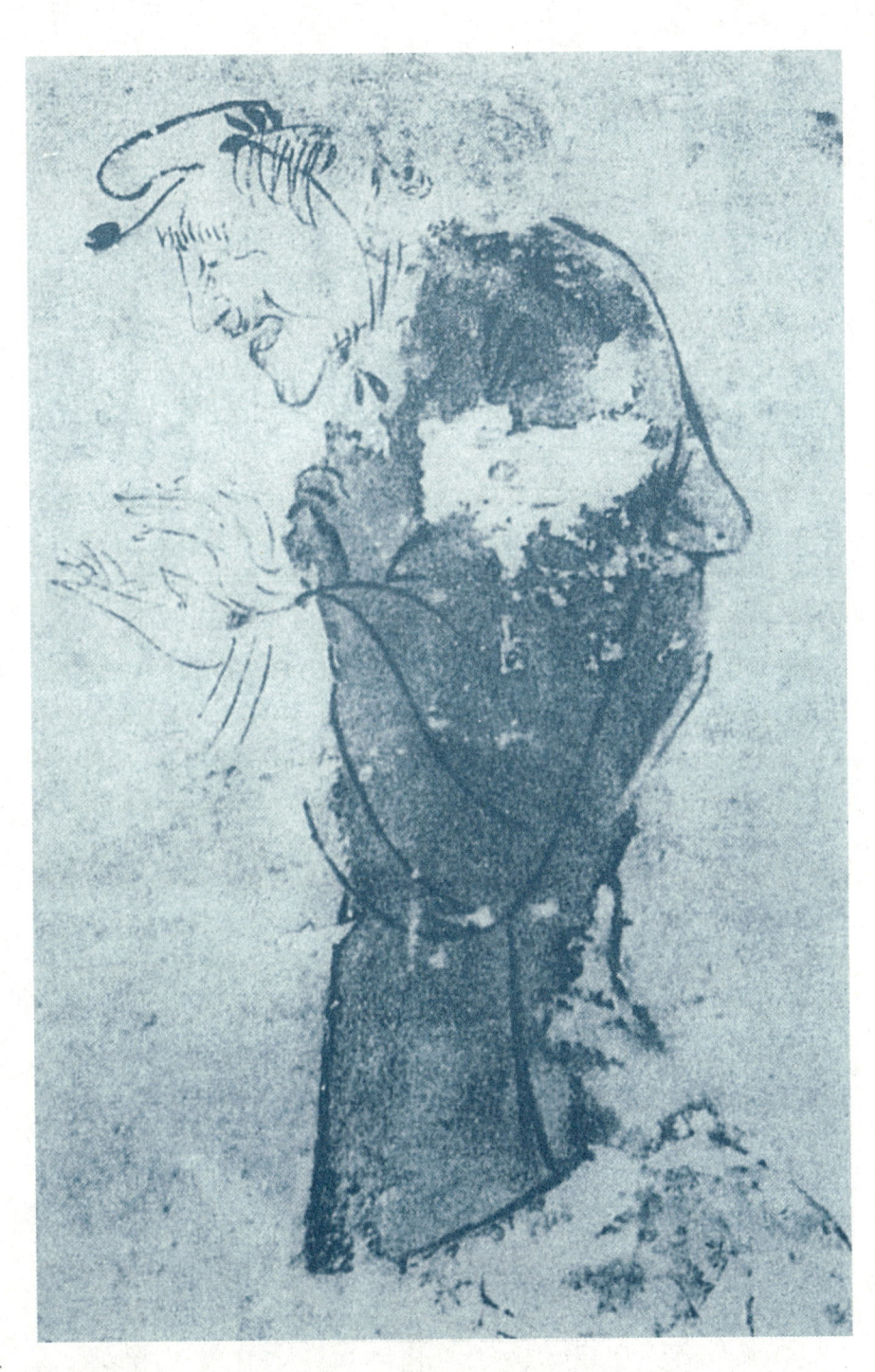

壁画《赵氏孤儿图》中晋大夫韩厥的形象

的斗争之后，才战胜和消灭了以屠岸贾为代表的邪恶势力，愚公移山式的坚持斗争终于盼来了正义、胜利的黎明。当时正值南宋王朝结束不久，人们清晰地记得，在众多南宋忠良不断牺牲的"存赵孤"的努力下，最终南宋王朝还是覆灭了。元朝忠于前朝的忠臣义士关照现实，为这个苦难深重的悲剧赋予了更为深远的意义，与当时人民心目中破家亡国、反元复宋的情绪产生了共鸣。剔除民族情绪的抒发，剧本对在黑暗势力压迫下反抗意识的颂扬，也深深契合了广大人民的美好愿望。此剧很快流传开来，并且广受赞誉。

这出感情深重的悲剧故事同样打动了西方人，有人认为《赵氏孤儿》是第一个传入欧洲的中国戏剧。更为重要的是，它还是18世纪唯一一部在欧洲流传的中国戏剧，是中国"纯文学"传到欧洲的开始。

最早在1731年，一位名叫马若瑟的法国耶稣会教士将剧本译成法语，由一伙传教士带回了法国，其后便在法国以文字的形式流传开来。1734年2月，在巴黎《水星》杂志发表的一封信中，提到了几节法译本《赵氏孤儿》的部分内容。1735年，杜赫德将马若瑟翻译的版本收录在即将付印的《中国通志》第三卷中。后来，《赵氏孤儿》的故事在世界各国流传开来。1841年，美国出现了哈切特的英译本，随后又有了德译本和俄译本。50年间，欧洲的拟作和改作有英文两篇、法文、德文、意大利文各一篇，成为比较文学史上一个极其突出的例子。

值得一提的是，著名的法国启蒙思想家伏尔泰根据他的理解，将《赵氏孤儿》改编为五幕剧，命名为《中国孤儿》，1755年8月20日开始在巴黎各家剧院上演，引起轰动。随后，英国谐剧作家默非结合伏尔泰和马约瑟的剧本，改编了《中国孤儿》，并在伦敦进行演出，也同样震撼了观众。伏尔泰的剧本对原剧进行了改写，他把背景移到了成吉思汗时代，在剧情的发展中，以平等的观念对传统中国文化中的忠义思想进行了否定，以人类的感情为武器，推翻了复仇的主题。伏尔泰认为，他将孔子的道德学说蕴含在了

> 伏尔泰是法国启蒙时期的思想家，哲学家，文学家

《中国孤儿》这出五幕剧中，使得这部剧焕发出了新的光彩。

从文学角度出发，《赵氏孤儿》和《中国孤儿》是比较文学研究中的重要范本，两出戏剧体现出了中西方政治和宗教的不同导致的文学创作方式的差异。有文学评论家给予《赵氏孤儿》高度评价，认为尽管故事非常离奇，但情节清楚有趣，与14世纪法国或其他国家的戏剧相比，不知要高明多少倍。

优秀的文学作品，描摹了人类共同的情感，超越了时代与种族，引起了不同背景下受众的广泛共鸣，西方文学界也开展了大量《赵氏孤儿》的相关研究。1751年，英国文学批评家理查德·赫德对《赵氏孤儿》和古希腊悲剧进行对比，指出索福克勒斯的名剧《厄勒克特拉》同《赵氏孤儿》在情节、主题、复仇动机、诗句、结构与布局上有相似之处。

德国大作家歌德还曾有意参照《赵氏孤儿》的部分情节，写作了《埃尔泊诺》。歌德在对比中国传奇、小说同西方作家及自己作品的分析中，发现中国人在思想、行为和情感方面几乎和德国人一样，德国读者很快能在中国作品中得到共鸣。但是他也指出，中国的一切都比西方更明朗纯洁，也更合乎道德。在阐述这一观点时，歌德首次提出了"世界文学"的概念，后来被许多西方比较文学研究者看做是比较文学学科产生的渊源。

《赵氏孤儿》是中国文学中一颗璀璨的明珠，它在中西方交流还不通畅的几百年前，就漂洋过海将中国文化的精髓传达给了西方民众。无论在中国文学、戏剧，还是在欧洲文学、戏剧史上，《赵氏孤儿》都值得大书特书。

中国近代化学工业的发展

化学是一门重要的社会学科，它与人们的生活和社会生产息息相关。

中国近代化学科学主要是受到了中国封建社会体制的特殊制约而没有在中国产生，它主要是在引进和传播西方近代化学科学的基础上逐渐形成的。虽然化学的传入对于中国化学理论的发展以及化学工业生产技术的提高，都具有重要的推动作用，但是，新中国成立前我国的化学发展速度缓慢，并远远落后于大约同时起步的日本等国。至于化学是何时传入中国的呢？在学术界是一个众说纷纭的问题。

有的学者认为，化学是在明朝末年由西方的天主教传教士介绍而来的。公元1626年，意大利的耶稣会士高一志编著《空际格致》，介绍了亚里士多德的四元素说，他详尽地讨论了土、火、水、气的各种形态与特性；汤若望的《火攻挈（qiè）要》一书，介绍了各种火药的配方和制作方法。这些传教士陆续地带来了许多欧洲有关化学工艺的著作，这些书当时虽未译成中文，但经过口述和其中的附图，传播了部分化学知识。

近代化学之所以成为一门系统科学是经过了18世纪的罗蒙诺索夫、普利斯特列、拉瓦锡和直到19世纪初年的道尔顿等人的共同努力才形成的。因此也有不少人认为明朝末年的17世纪，传教士们送来的只是一些欧洲早期化学知识的皮毛和一些简单的比较实用的工艺。

从目前有关部门查到的文献来看，西方化学传入中国大概是从1612年意大利传教士熊三拔（1575年—1620年）和中国学者徐光启（1562年—1633年）合译的《泰西水法》一书的出版开始的，书中主要叙述了水利和医学知识，也介绍了西方的元素说。

汤若望像

　　这一时期传入的西方化学知识，从理论上看主要是古希腊的四元素说和阿拉伯的汞硫二元理论等学说。从实用知识上看，传入的主要是冶金、火药、酸类和有机药物等内容。最早传入的火药配方知识、冶金知识是1643年汤若望等翻译出版的《火功挈要》一书，主要介绍了火器的制作知识；以及他和中国学者杨文华合译出版的《坤舆格致》一书，书中则主要介绍了冶金知识。可惜的是，这两本中文译本在出版后随着大明王朝灭亡的战火而丧失。《徐光启手迹》介绍了硝酸的制作方法，并在书中第一次把硝酸称为"强水"；最早传入的西药之一是金鸡纳，是在1693年康熙皇帝患疟疾时由法国的传教士洪若翰进献的，由于收到奇效而在中国广泛流传。

也有的学者认为，清朝道光十五年（1835年），当时的进士丁守存，著有《造化究原》和《新火器说》两书。书中叙述了他在三十四岁那年（1845年）"四月以洋锵（qiāng）水点药，误伤手和目，月余才平复"。有学者认为这里所称的"洋锵水"大概就是硝酸，也可能是硫酸，由此可见在我国的清朝19世纪40年代，作为化学的基本物质、无机酸类名称已经有人开始使用了。到了鸦片战争前后，被雇佣到外国的洋船上或在"夷馆"（夷馆：清代俗称外国人在中国的馆舍）里工作的中国工人和商人们之中，有些人接触到了化学用品和医药品，从洋船的技工和医生那里学到了一些化学方面的知识，造了些中文化学名词，是我国最早的化学传播者。如硝强水、磺强水、盐强水以及氧气之类的化学通俗译名，都是在群众的日常生产和生活中产生出来的。傅兰雅在叙述江南制造总局翻译化学书寻找名词时也曾提到"可访问中国客商或制造或工艺等应知此名目等人"。可见有些化学的中文译名是在工人和商人中间已经流传着的。

公元1855年，即咸丰五年，英国的合信著《博物新编》一书，包括了天文、气象、物理、动物等各方面内容，其中第一集介绍了近代化学知识，指出化学元素有56种，介绍了养气（氧）、轻气（氢）、淡气（氮）、炭气（氧化碳）以及磺强水（硫酸）、硝强水（硝酸）、盐强水（盐酸）的性质和制造方法。根据现在已知的材料来看，西方化学知识的传入，以《博物新编》为最早和知识最全面。

在接受西方化学传入方面，特别要指出的是，中国科学家徐寿的贡献是巨大的。从他1867年到上海筹设江南

《博物新编》清咸丰刊本

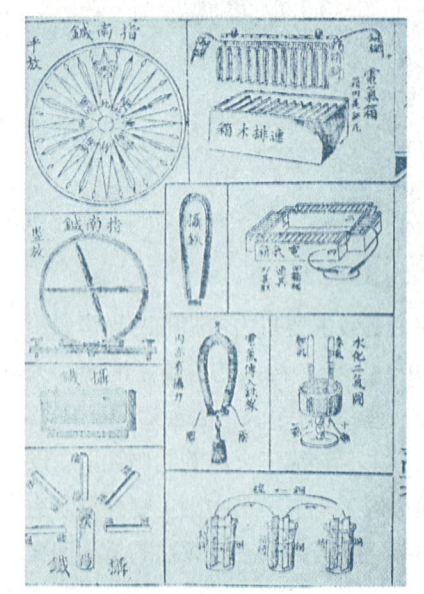

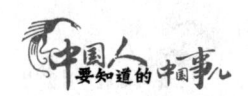

制造局翻译馆到1884年逝世为止，先后与外国传教士合作，编译了《西艺知新》、《化学鉴原》、《化学考质》、《化学求数》、《物体遇热改易记》、《汽机发轫》、《营阵揭要》、《测地绘图》、《宝藏兴焉》等书籍共13种120卷。

化学知识的传入在我国的轻工业方面，如制皂、造火柴、制化妆品等方面满足了人民日常生活使用的需要。

自新中国建立以来，我国的化学工业突飞猛进，已不再落后于其他国家。化学在教育方面也是作为一门专门学科，培养了大批的化学人才，他们正在为国家建设奋斗着；特别是在国防和民用化工尖端技术方面，已经走在世界各国的前列。

哥白尼"日心说"冲击中国人世界观

漫长的人类历史中,宗教推崇的"地心说"一直占据统治地位,人类普遍认为地球是静止不动的,月球、水星、金星、太阳、火星、木星和土星依次围绕着地球,在各自的轨道上运转。

然而,波兰天文学家尼古拉·哥白尼经过三十多年的观测,克服教会打击等重重障碍,石破天惊地提出了"日心说",并在1543年他离世之际,出版了不朽名著《天球运行论》。经过半个世纪的争论、怀疑,开普勒终于以椭圆轨道理论为"日心说"提供了有力的佐证,哥白尼学说历经重重波折终获世人认可。

在科学史研究中,哥白尼可以说是文艺复兴时期的科学巨人,他以"日心说"改变了人类认识世界的方式和角度,带来了天文学根本性的变革。

哥白尼学说传入中国同样经历了一个十分曲折的过程。

首先,哥白尼学说的传入遭遇了来自教会的阻力。在传教士作为西方文化传播者的明代,由于哥白尼学说对宗教的冲击,"日心说"最早只是作为"地心说"的辅助,在《崇祯历书》中传入了一些观测记录。

明代应用的"大统历",是对元代"授时历"的延续。当时,由于沿用时间太久已经非常不准。明朝政府曾经发布禁令,不准国民私自研究历法。自明成化年间开始,就有官吏多次上书申请修改历法,都没有得到批准,这种守旧政策严重阻碍了中国古代天文学的发展,导致中国的历法逐渐落后。直到崇祯年间,徐光启编制了《崇祯历书》。

徐光启是明朝末年著名的数学家和科学家、农学家、政治家、军事家,1562年生于南直隶松江府上海县法华汇,就是现在的上海市,如今上海知名

的"徐家汇"地区就是为了纪念徐光启而命名的,他还是中西文化交流的先驱之一,是上海地区最早的天主教徒,被称为"圣教三柱石"之首。

热心于西方文化的徐光启与传教士一直接触频繁,在他们的启发下,徐光启开始对天文历法产生兴趣。崇祯二年(1629)九月,明政府委派徐光启主持改历。徐光启从编译西方天文历法书籍入手,同时制造仪器,精心观测,编译图书,终于完成了著名的《崇祯历书》。该书共计46种,137卷。书中最早引用了哥白尼《天体运行论》中的材料,翻译应用了哥白尼发表的一些天文观测记录。但由于当时协助徐光启编制历书的是西方传教士,他们有意向徐光启隐瞒了"日心说"和开普勒的行星三定律,所以《崇祯历书》并没有提及哥白尼的"日心说"。从总体上说,《崇祯历书》传播的是教会推崇的丹麦天文学家第谷的折中体系,主张地球是宇宙的中心,日、月、恒星环绕地球旋转,而五大行星则环绕太阳运行。

徐光启像

《崇祯历书》的先进之处在于,跟中国传统"大统历"相比,西法推算的日月食精确程度大为提高;书中还改变了传统中对"天圆地方"的认识,提出了大地为球形的思想、大地经纬度的计算及球面三角法,这在中国天文历法上都是极大的进步。

因为第谷体系在当时具有权威性,哥白尼学说当时在中西方学者之间一般是以奇闻轶事的形式在闲谈时出现,波兰耶稣会士穆尼阁曾违背耶稣会戒律,在与中国学者探讨地动仪时,私下隐约提起过一些哥白尼学说,但是并没有引起世人的注意。

岁月轮转,哥白尼学说终于被传教士传入中国,却因当时国人的狭隘,锁入深宫多年不得面世。

随着中西方交流的深入,哥白尼学说在1716年第一次出现在德国传教士戴进贤主持撰修的《历象考成后编》中,书中介绍了开普勒的行星运转轨道为椭圆的定律以及牛顿计算地球与日、月距离的方法。随后,18世纪初英国制造的表现哥白尼太阳系学说的两件天文仪器七政仪和浑天合七政仪传入中

国。七政仪可以自动表演地球和五星环绕太阳的运动。随着中国人接触"日心说"以及其理论支持和事物演示的深入,"日心说"已经很难再隐瞒下去了。1760年,法国耶稣会士蒋友仁在《坤舆（yú）全图》中介绍了哥白尼学说,论述了地球运动的原理。这样,在《天体运行论》发表二百多年后,哥白尼的"日心说"才正式介绍到中国。但是,哥白尼学说并未得到进一步传播。两件引进的英国天文仪器以及蒋友仁的《坤舆全图》都被锁入皇宫深处而不示见于人。阮元1794年在《畴人传》中,抨击哥白尼学说"上下易位,动静倒置,则离经叛道,不可为训固有若是甚焉者",进一步阻挠了哥白尼"日心说"在中国的传播。

直至鸦片战争后,哥白尼学说才开始在中国得到传播和发展。在经过魏源的《海国图志》简略介绍后,著名数学家李善兰和传教士伟烈亚力合译的《谈天》出版,对包括哥白尼学说在内的近代西方天文学学说作了比较全面的介绍。《谈天》是英国天文学家约翰·赫歇尔所著《天文学纲要》的中文译本。在1859年刊行15年后,徐建寅又补充了到1871年为止的最新天文学成就,并于1874年出版了增订版的《谈天》。

《谈天》介绍了太阳系的结构和运动以及有关恒星系统的一些内容,并介绍了万有引力定律、恒星的光行差现象、太阳黑子理论和恒星系等。值得强调的是,李善兰为这个中译本写了一篇战斗性很强的序言,批判了反对哥白尼学说的种种理论,对阮元附会儒家经典、滥发议论歪曲哥白尼理论的做法进行了有力的驳斥。他论述了科学进步是科学家探索的结果,指出地球绕日运动和行星轨道为椭圆的理论是颠扑不灭的真理。

在几代中西科学家的努力下,哥白尼学说才比较系统地介绍到中国并真正传播开来。哥白尼学说对近代中国社会向前发展起到了巨大的推动作用,为资产阶级维新志士康有为、谭嗣同、严复等人提供了批判封建主义的有力思想武器。

牛顿学说引入中国

牛顿是人类历史上最伟大、最有影响的科学家,同时也是物理学家、数学家和哲学家,在他的成就簿里,除了最负盛名的万有引力和三大运动定律,还包括阐明了动量和角动量守恒的原理,发明了反射式望远镜,系统地表述了颜色理论、冷却定律,并与莱布尼茨分别发展了数学领域中的微积分学。他的诸多成就,开辟了科学史上一个新时代。

牛顿的科学成果在17世纪60年代就发布了,但是恰逢当时清政府正实行闭关锁国的政策,排斥外国事物,延后了牛顿学说传入中国的时间。直到近代,随着西方科技成果的翻译高潮,牛顿的天文、力学及数学理论才开始渐渐经一些学者推介进入中国。从时间上看,中国民众接触牛顿的学说比西方推迟了一个多世纪。

早期牛顿学说在中国的传播,离不开杰出的数学家李善兰。1859年刊行的三部和牛顿物理学关系密切的译著,都是李善兰参与翻译的。它们是李善兰和艾约瑟合译的《重学》、李善兰和伟烈亚力合译的《谈天》及李善兰和伟烈亚力合译的《代微积拾级》。这三本书原是欧美的科普著作或大学低年级的教科书。

1859年,晚清第一部较系统地介绍牛顿力学体系的中文译著《重学》出版。这本书原作者是胡威立,由传教士艾约瑟口译,李善兰笔述。李善兰在序言

中记录了艾约瑟对"重学"的解释:"几何者,度量之学也;重学者,权衡之学也。昔我西国,以权衡之学制器,以度量之学考天;今之制器考天,皆用重学也。故重学不可不知也。"该书历经四年,才全部翻译完成。中译本第一版十七卷,后来增补了三卷圆锥曲线说,成为二十卷。书中主要介绍牛顿的运动三大定律,前七卷主要介绍了静力学知识,八至十七卷是动力学,十八至二十卷则主要介绍流体力学。1858年刊印的版本大多毁于战火,流传范围很小,1866年又进行了重印。

万有引力定律为国人认识始于《谈天》一书。该书原名《天文学纲要》,原作者是英国天文学家约翰·赫歇尔,由李善兰与伟烈亚力合译。书中第四、八、九、十三等卷都叙述了万有引力定律的原理和应用。随着翻译图书的增多,李善兰的科学知识也不断丰富,他在《谈天》序中,甚至简明扼要地介绍了牛顿万有引力定律的内容,李善兰简略叙述了牛顿怎样以"摄力"解释和计算天体的运动,深有感触地指出:牛顿的运动定律"定论如山,不可移矣",他还明确表示信奉哥白尼和牛顿的"日心说"自然观。《谈天》的出版在社会上引起了极大反响,前后重印了13次。1874年,徐建寅补充了1871年前西方天文、物理的新成就,又由江南制造局增订出版。

李善兰还翻译、介绍了牛顿的微积分学说。他与伟烈亚力合译了美国罗密士的《代微积拾级》。在该书的序言中,伟烈亚力详细介绍了牛顿和莱布尼茨提出的微积分学说,他认为这本书将会是近代中国数学发展的基石之一。李善兰还和伟烈亚力、傅兰雅合译了牛顿的《自然哲学之数学原理》,命名为《奈端数理》。这本书稿辗转数人之手才得以保存,李善兰在1822年去世前把译稿交给华蘅芳校订,随后1897年华蘅芳又交给梁启超,后来书稿丢失。近四十年后,书稿无意中落到章士钊的儿子、浙江大学教授章用手里,才被保留了下来。

李善兰

民国时的观象台

当时，牛顿被翻译为"奈端"，力学被译为"重学"，万有引力译为"摄力"。李善兰的译书陆续出版后，牛顿的物理学和天文学就这样在中国学者之间流传开了。《谈天》和《重学》两书中述及的科学思想和宇宙观不久为青年学生所熟练掌握。上海格致学院1889年的春季考课作文中，孙维新、车善至、钟天纬三人的答卷将新宇宙观描述得清晰明了，以致他们三人分获超等一、二、三名。

介绍牛顿光学理论的著作也在1879年因《光学》一书的出版被引入中国。该书由金楷理口译、赵元益笔述，叙述了光谱和牛顿的微粒说，还介绍了与微粒说相对立的光的波动说。之后，牛顿《自然哲学的数学原理》中的一些观点以及原子学说的思想也相继传入了我国。

中国国内也开始了对牛顿学说的普及宣传。美国传教士丁韪（wěi）良撰写的《西学考略》和《格物入门》成为当时最受欢迎的简易读物。《西学考略》一书首次记载了牛顿看见苹果坠地而发现万有引力的著名轶闻。近代早期改良主义者王韬早年在墨海书局工作时，曾与伟烈亚力一齐翻译过《西国天学源流》和《重学浅说》等书籍，对西方自然科学知识的传播也有贡献。

与哥白尼学说一样，牛顿学说的影响力绝不囿于自然科学界、工业和技术界，而是透过科学真理推动了社会变革和人们的思想革命。在多次变革思潮中，许多改革者和仁人志士都无一例外地从当时包括牛顿学说在内的"西学"中汲取营养和勇气。牛顿的科学理论影响了十九世纪和二十世纪之交的中国社会变革，在戊戌维新运动、辛亥革命过程中，这个科学的新宇宙观曾被人们当做变革社会的鼓舞力量。

梁启超对牛顿推崇备至,认为他是"近古格致学第一名家",并称赞《谈天》一书"最精善",认为人不能每日在天地之间却不知道天地是什么形状,因此《谈天》一书"不可不急读"。谭嗣同曾写作《仁学》,大声疾呼号召国人要冲破一切封建网罗,迎接新时代的曙光。梁启超指出,谭嗣同的观点和牛顿学说中蕴含的勇气、精神相一致,把牛顿思想与维新运动的宣言《仁学》联系在了一起;在谈到西方近代自然科学成就时,他认为牛顿的功劳与哥白尼不分伯仲,是他最佩服的两个人之一。

在戊戌变法失败后的十几年,牛顿的科学理论成为资产阶级革命的先驱孙中山先生革命建国的思想基础。孙中山在求学阶段就曾认真学习过西方科学知识,对牛顿推崇备至,牛顿理论还是他的著作《建国方略·心理建设》的思想基础之一。

鲁迅也对牛顿的学说给予了高度评价。在他1908年以"令飞"为笔名发表的《科学史教篇》一文中,鲁迅对西方自然科学进行了历史概括,认为牛顿等科学家戒除偏颇,兼收并蓄地应用培根的归纳法和笛卡尔的演绎法做研究,以辉煌的成就对科学发展做出了卓越的贡献。

随着辛亥革命后现代自然科学在中国的发展传播,量子论和相对论等学说成为主流,揭开了科学发展的新篇章,牛顿学说才渐渐淡出人们的视野。

达尔文学说震撼近代中国思想界

作为一种自然科学理论，达尔文学说对中国的影响，远远超过了其他自然学科理论体系，因为它已经远远超越了自然科学知识普及的范畴，给中国思想界带来了振聋发聩（kuì）的影响。1922年，有一位学者曾说过："我们放开眼光看一看，现在的进化论，已经有了左右思想的能力，无论什么哲学、伦理、教育以及社会之组织、宗教之精神、政治之设施，没有一种不受它的影响。"

作为19世纪最重要的科学发现之一的达尔文学说，从1859年英国生物学家达尔文发表《物种起源》起，这种新颖的生物进化理论就在改变着人类的思想领域。随着中国近代"西学东渐"的进程，达尔文学说循序渐进地传入中国。

中国人最早接触达尔文学说是在19世纪七八十年代，现在可查的最早记录是在1873年旧历闰六月二十九日上海的《申报》上，报纸以《西博士新著〈人本〉一书》为题，简明扼要地介绍了达尔文1871年出版《人类的由来及性选择》一书的消息。可以说是达尔文学说在中国传播的先声。

达尔文

同年，中国著名数学家华蘅芳和美国传教士麦考文合作翻译了英国地质学家莱伊尔写作的《地质学原理》一书，并命名为《地学浅释》，书中提到，物种的形状和性情不发生变化的观点是旧时的说法，

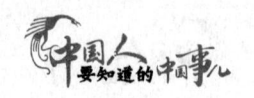

生物的种类能渐变，可以从这个物种变成另一个物种，从这个形状变成另一个形状。达尔文"言生物能各择其所宜之地而生焉，其性情亦时能改变"。书中提到了拉马克和达尔文的名字，简要介绍了他们的演化思想。

19世纪80年代初，钟天纬作为国内知识分子中达尔文思想最早的宣传者，在《格致篇》一文中较具体地阐述了达尔文的生平及其进化论观点。

最初，达尔文学说进入中国的主要途径是西方传教士的著述和翻译，由传教士奉行的神学理论与生物进化论是根本对立的两种学说，这就决定了传教士的宣传立场。传教士并不热心宣传演化论，而且故意回避达尔文学说的核心——自然选择理论，甚至有些传教士还企图把演化论纳入教会的唯心主义。

19世纪70年代，美国传教士傅兰雅的《格致汇编》中曾刊登过一些进化论方面的材料，提到了人猿同祖的观点，在介绍的同时，又加以诋毁歪曲。另一位美国传教士丁韪（wěi）良在1884年，发表了《西学考略》一书，这部书对近代中国人了解西方科学技术发展起过一定作用，书中他承认人是由动物进化而来，间接否定了上帝创造天地万物的迷信观点。然而，他把地球上生物的进化和发展以及动物逐渐演化为人类，都归功于超凡的上帝，反映了传教士想把达尔文的科学进化论纳入宗教神学体系的企图。另外，在19世纪70至90年代传教士的有关介绍和报道中，都对达尔文学说中的重要观点——自然选择理论避而不谈。在这种形势下，达尔文学说很难在中国得到广泛的传播和认知，但是，还是有少数知识分子见识到了达尔文学说的魅力。康有为在"三世说"历史进化论中提到了由"据乱世"经"升平世"到"太平世"的说法，很大程度上可能就是受到进化论影响的结果。

直到19世纪末，严复的《天演论》出版，达尔文的学说才开始在中国社会广泛流行。严复，生于1954年，字又陵，福建人，著名翻译家、教育家。他提出了"信、达、雅"的翻译标准，曾担任北京大学校长，在思想界享有盛誉。1977年，他远赴正处于资本主义发展全盛期的英国留学，先后在普茨茅斯大学、格林威治海军学院学习。在英国期间，严复为探寻救国之道，涉猎广泛，饱览群书，受到了达尔文、赫胥黎等人著作的影响。1893年甲午海战后，中国危机愈加深入，康有为等改革派积极变法，探寻强国富民之道。1895年，严复编译了赫胥黎《进化论与伦理学及其他文章》中的两篇论文，在《国闻报》上连载，后来又集结成《天演论》出版，这本书一经问世便广受欢迎，很快风行全国，在随后的十多年中陆续发行了30多种不同的版本，仅上海商务印书馆在1905至1927年间就刊印了24次。

《天演论》是国内第一部有关达尔文学说的翻译著作。严复用"意译"的方式，既介绍基础理论，又根据达尔文的理论发表自己的观点，评论社会伦理问题，他以"物竞天择"、"适者生存"的观点，警醒当时的国人，阐发其救亡图存的思想，阐述了"天道常变、不主故常"、"世道必进，后胜于今"、"物各争存，宜者自立"、"保群进化，与天争胜"等观点，开拓了当时中国思想界的领域。《天演论》首先用"物竞天择"概括介绍了达尔文学说中的自然选择观点。他认为，生存斗争的出现是因为自然的选择，自然选择总是倾向于与之相适应的生物的生存和繁衍；并且说明了，因为生存资料有限，物种之间的竞争是不可避免的。由于严复在书中侧重于阐发议论，所以他对基本理论的呈现并不全面，没有说明自然选择如何导致新物种出现以及生物发展的问题。

由于达尔文学说的风靡，国人还从日本翻译了许多关于达尔文学说的著作。1903年，国民业书社转译了日本生物学家石川千代翻译的《动物进化论》，大大补充了《天演论》的不足。该书根据美国动物学家莫尔斯1877年在东京大学的演讲稿整理而成，其中详细地论述了达尔文学说的基本原理，并以专章阐述了人猿同祖论，现代人广泛引用的"生存竞争"、"自然淘汰"等就最早出自于这本著作。1907年，大文豪鲁迅先生在《河南》杂志上发表《人之历史》一文，介绍了生物种系理论，这是早期介绍达尔文学说的最重要的论文之一。

严复对赫胥黎作品的引介虽然有利于达尔文学说的传播，但是却不能反映其全貌。于是，马君武从1901年开始翻译达尔文的《物种起源》，作为达尔文原著的最初中译本，基本上传达了达尔文学说的中心所在。1901

严复

年，他以《达尔文物竞《生存竞争》，次年又以《达尔文天择篇》为题发行了第四章《自然选择》。达尔文本人的生平事迹在国内传播开来，大大增强了宣传达尔文理论的社会效果。1902年，《新民丛报》对达尔文进化论及其生平事迹进行了简要的介绍；1903年，《达尔文自传》的中译本《天演学者达尔文传》出版发行。

达尔文学说在近代中国的传播和流行，为近代处于危急关头的中国人带来了新的世界观和价值观，为中国的近代思想界和知识界补充了希望和力量，带来了他们改变现状的理论武器和思想依据。从维新运动到五四时期，介绍达尔文思想的《天演论》，不仅在当时为投身维新变革运动的仁人志士们提供了有力的理论依据，甚至发挥了超越时代的影响和作用。梁启超、蔡元培、胡汉民等，后来的胡适、陈独秀、鲁迅和青年毛泽东以及20世纪初的一批早期共产主义知识分子和革命家从进化论到唯物论的信仰转变，都被《天演论》影响甚巨。

鲁迅

中国人认识《伊索寓言》

随着中西方交流的深入，一些优秀的文化精品以超越民族的独特魅力传入中国，给不同时代的中国人带来启发，历尽时间的洗礼不断完备，传播至今。世界上最古老的寓言故事集《伊索寓言》就是其中的杰出代表，它被引入中国并被国人接受也经历了一个循序渐进的过程。

《狐狸和葡萄》、《乌鸦与狐狸》、《龟兔赛跑》、《狼来了》这些《伊索寓言》中的经典篇目，伴随着一代代青少年成长。《伊索寓言》中的寓言故事以简单的情节，浅显的文字，拟人化的动物形象构成了一个个生动有趣的小故事。但是，这些简练的小故事中蕴含着人类智慧的光芒和深刻的人生哲理。在读者心目中，书中的系列故事道尽人世间最基本的善恶美丑观念，不但可以循循善诱地用于少年儿童的启蒙，甚至可以把它看做是一本生活教科书。

《伊索寓言》的成书经过了几代人的收集和编译，是欧洲文学史上寓言创作的奠基之作。随着文学创作者们的引用阐释，还引申出新的内涵和意义，为后世作家提供了创作的源泉。大文豪鲁迅就曾经在他的杂文《谈蝙蝠》、《门外文谈》、《六论"文人相国"——二卖》等文中一再引用《伊索寓言》的典故。

《伊索寓言》的最初中译可以追溯到17世纪初的明代。据日本新村出版的《南蛮广记》记载，早在1625年就有了第一个《伊索寓言》汉译本。当时，由比利时的传教士金尼阁（Nicolas Trigault）口授，中国人张赓笔录，翻译、编辑了《况义》一书，其中收录了22篇寓言，"况"意为"比喻"，但是这个译本并没有流传开。

早期广泛流传的译本是1837年英国人罗伯聃（dān）（Robert Thom,

利玛窦像

1807年—1846年）组织翻译的。当时，罗伯聃请他的中文老师"蒙昧先生"翻译、改写了《伊索寓言》，题目定为《意拾喻言》，共有寓言故事82篇。这个译本流传较广，有英文、文言汉语与汉语拼音三种对照，最初是为了给外国人学习中文用，但由于翻译得非常本土化，中国人也爱读，此书出版后风行一时，大家都津津乐道。到后来，中国读者比外国读者还多，出了不少修订本、重刻本，题目被改为《伊娑菩喻言》、《意拾蒙引》、《汉译伊苏普谭》等等。据记载，这个版本后来还流传到了日本。周作人在《自己的园地》文集中写道："在东京上野图书馆见到1840年在广东出版的《意拾蒙引》。"

实际上在《况义》之前，国人就见到过对《伊索寓言》只字片言的片段式的记录。在利玛窦的《畸人十篇》和庞迪我的《七克》中，都介绍了这部影响甚大的西方古典文化精品，使中国人开始知道《伊索寓言》一书。

第一个来我国传教的耶稣会士、意大利人利玛窦于明朝时来到中国，在华期间撰写了《畸（jī）人十篇》（1608年），书中就对伊索做了简单介绍，并引用过《伊索寓言》。《畸人十篇》是利玛窦和中国士大夫的对话集，由徐光启帮助利玛窦笔录完成，全书共十篇。用问答体的形式撰写，广泛引用中国儒、释、道三家学说以和西方古代哲学家、宗教家的思想加以比较。在《畸人十篇》中的《君子希言而欲无言》一篇中，利玛窦介绍了伊索的名字和事迹，他根据希腊文和拉丁文的读音把伊索翻译成厄琐伯，并在书中引用一些伊索寓言论证自己的观点，《常念死后备死后审》篇引用了《肚胀的狐狸》、《孔雀足丑》，《斋素正旨非由戒杀》篇引用了《两猎犬》，《善恶之报在身之后》篇引用了《狮子和狐狸》、《两树木》；《富而贪吞苦于贫窭》篇中有《马和驴》的寓言。据裴化行撰写的《利玛窦传》记载，利玛窦曾把《畸人十篇》送给中国的官员。

西班牙传教士庞迪我也在《七克》一书中提到和译介过《伊索寓言》的部分故事。如书中第一卷有《孔雀足丑》，第四卷中有《兔子和青蛙》和《胃和脚》，第二卷中有《狮子、狼和狐》。他在第一卷《伏傲篇》中的《论不可喜听誉言》一文中引用了《大鸦和狐狸》作为论据，这也就是后来大家熟悉的《乌鸦和狐狸》的故事。在《戒好贵》一章中用《树木与橄榄树》论述了"人贵有自知之明"的道理。《七克》中还讲述了《贫人鬻（yù）酒》的故事，故事中的主人公是一个穷人，偶然得到一些钱便拿来贩酒。他在酒里掺水高价卖出后，赚了十多两银子。他把银子放在皮袋里带在身上。有一天去饭店吃饭，桌上的钱袋被一只鹰叼走了。鹰在天空飞翔，松口将钱袋掉入河里。作者用这个故事来劝诫世人不能用非正当的手段牟利。《七克》从1604年到1910年先后再版9次，影响很大。

1888年，张赤山（又称"赤山畸士"）翻译的《海国妙喻》由天津时报馆代印出版，后辑入《海外异闻录》，共收录寓言七十则。书的跋中称此书"以谈笑诙谐寓劝惩要旨，如暗室之灯，如照妖之镜，无意不搜，无词不隽，有情有理，可箴可铭，读之令人知所向往"。

大概在19世纪末，"伊索寓言"这个名称开始流传开来。1902年，林琴南与尹培南、严璩合译的版本，用了这四个字命名。全书译有寓言300则，成为当时最完备的译本。

《伊索寓言》作为西方文学史上的经典著作，在明清时期逐渐传入我国，当时对开阔中国知识分子的眼界、了解西洋文学、认识西方文化发挥了重要作用。

最早被翻译到中国的西洋小说

今天的书店里，外国文学作品吸引了广大读者，国人对各国的文学名著更是耳熟能详、如数家珍。然而，在中西方文化交流壁垒重重的旧中国，最早被介绍给中国读者的外国小说又是哪一部呢？这个问题的答案随着研究者的不断争论和探讨，经历了一个逐渐理清明晰的过程。

文学史界有些学者认为我国自乾隆时代开始翻译西方小说，始于1740年左右。然而当时所谓的西方小说翻译，大都是对《圣经》和西洋小说的改头换面，翻译者常根据自己的理解和主观意图任意改编原作品，还将书中的人名、地名、风俗、习惯通盘中国化，署名也仅出现译者名字而非作者。严格说来，这更像某种意义上的文学再创作，而非翻译。

更多地被提及的是林纾（shū）翻译的《巴黎茶花女遗事》，这本书在1899年初刊行，被称为"我国最早的西方翻译小说"，出版后在国内广泛风行，拥有众多的读者。大家被巴黎茶花女悲惨的身世和凄婉的爱情故事所打动，在《国民日报》、《云南》、《春江花月报》等报刊和许多私人的诗集中，都可以读到当时的读者为抒发感情而为此撰写的诗词作品。严复读后写下"可怜一卷《茶花女》，断尽支那荡子肠"的诗句，成为近古绝唱。由于《巴黎茶花女遗

《巴黎茶花女遗事》的原作者法国作家小仲马

事》的巨大影响，不少学者误以为这是传入中国的首部西洋小说。

其实据学者考证，传入中国的第一部西洋小说是18世纪70年代出版的《昕（xīn）夕闲谈》。只是因为这本书虽然引进国内较早，但是当时国内的焦点正聚集在对西方科学技术的引介上，大家对西方的文学作品颇不以为然，当时并没有引起很大的关注，所以其风头完全被日后的畅销书《巴黎茶花女遗事》所掩盖也就可以理解了。

周作人曾经提及《昕夕闲谈》的出版，但却误以为时间在1894年左右。说到这本书，就原著写作时间在很长一段时间里也存在着争议，根据这部书第3卷5节的叙述"作小说之时，正是浦半（波旁）后期，鲁意非（路易十八）皇在位"判断，原著写作于19世纪中叶。这本书原著作者已经无处查询，中文译者为蠡（lǐ）勺居士，又称小吉罗庵主。小说最早从1873年开始在我国第一本文艺杂志《瀛环琐记》的第3卷连载，到1875年1月刊物停刊为止，每期刊登2节，共计52节。从时间上看，它的翻译出版比《巴黎茶花女遗事》与中国读者见面早了27年，比日本首次翻译的西方小说《鲁滨逊漂流记》在日本出版也仅晚了一年，当之无愧是我国引进的第一本西洋小说。

雍正西洋装照片

《昕夕闲谈》讲述了英国的破落贵族子弟康吉的故事。康吉的父亲是贵族子弟，在与康吉母亲私奔多年后继承巨额遗产成为了百万富翁。后来父亲意外身亡，家产被康吉的叔叔侵吞，康吉由巨富变成了破落户和私生子。围绕康吉的生活，小说形象生动地塑造了一批进取又贪婪的资产阶级暴发户形象，并向中国人介绍了西方的自由恋爱观念和门第思想，描绘了伦敦和巴黎污浊、丑恶的社会现实，揭露了在欧洲资本主义制度下人与人之间冷酷的金钱关系和道德沦丧的现实。值得一提的是，小说中还介绍了法国启蒙思想中人人生而平等的观点。

从形式上看，《昕夕闲谈》沿用

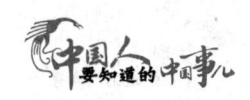

了明清章回小说体，分节设节目，每节有标目；语言基本沿用当时章回体小说的白话文，有时文白相杂；表现方式叙述多于描写，为便于读者理解西方风俗，文中还常常附加一些说明。

作为西方文学翻译的先行者，蠡勺居士也在书中提出了他对中国小说的见解，他认为中国小说存在导淫、诲盗、纵奸、好乱的四大弊端，而《昕夕闲谈》"记欧洲之风俗"，而"广中上之见闻"，要优于中国小说。他对西方小说优越性的认识在19世纪70年代是具有一定领先意义的。

当时广大的中国知识分子多数在关注西方的坚船利炮与声光化电等自然科学的影响，就是在开放最早的上海，知识界也没有把眼光转移到西方文学上来，"西学"的研究还仅仅只是体现在西洋的应用技术和自然科学理论方面，《昕夕闲谈》可谓生不逢时，经过两年的杂志连载，后来虽然出了单行本，却仍然默默无闻。

20世纪初，中国文学界迎来了翻译小说的高潮，《昕夕闲谈》在1904年经过吴县藜床卧读生的推荐，得到了文宝书局的再版，但其形式与内容已经丧失了时代性，也没有引起读者的兴趣与重视。《昕夕闲谈》尽管是最早传入我国的西洋小说，但遗憾的是，它一直淹没在文学发展的洪流当中，寂寞不得读者赏识。

《圣经》的中译历程

近代西方文化在中国的宣传很大程度上与传教士的宗教活动密不可分，作为宗教思想和传教士活动的承载载体，《圣经》的作用不可小觑。在世界范围内，《圣经》的翻译工作早在公元前3世纪便已经开始，自从西方传教士到中国以来，宣扬宗教思想之大成的《圣经》的中文翻译工作，一直备受各界重视。今天的中国流传有大量的译本，甚至有如1847年的上海语译本、1852年的厦门语、1854年的福州语、1856年的南京语、1860年的客家语、1861年的宁波语、1866年的兴化语、1868年的广州语、1880年的苏州语、1880年的台州语、1893年的温州语等方言版本。然而，最早的《圣经》中译本出现在何时呢？这也是迄今为止未有定论的问题。

追溯西方宗教在华活动的历史，最早在公元七八世纪就有了《圣经》汉译的文献记载。公元635年，国外传教士在当时唐朝都城西安传教译经，部分《圣经》译本流传开来，但并不是完整全译，且译本早已失传。

元朝时，西欧传教士到中国传教时，将全部新约和诗篇译成中文，相传时人曾用优美的书法抄写，收录成册，但也没有流传下来。

明末清初年间，西欧天主教传教士重入中国传教长达130年，只有他们的中文著作中引用了部分经文，当时并没有完整的《圣经》中文译本出版。18世纪初，曾经有法国天主教传教士将部分《圣经》译成中文，如今译稿存于英国伦敦博物馆内。

直到19世纪初，基督教新教传教士才着手翻译整部《圣经》，1822年出现了最早的中译本。

据记载，1853年，英国传教士、墨海书馆的创办人麦都思曾经向俄国著名作家伊·冈察洛夫赠送新印的中文《圣经·新约》。

第一位在中国传教的新教传教士是英国人罗伯特·马礼逊，1807年9月8日，马礼逊到达广州。马礼逊在来华之前，英国伦敦会交代他要以编辑汉语字典或者翻译《圣经》等方式，获得在中国传教的立足点。于是，马礼逊历经十多年的艰苦努力，坚持翻译《圣经》、撰述布道文字、雇工刻板印刷等工作，先后刻成了《使徒行传》、《神道论》、《救赎救世总说真本》、《问答浅说》、《耶稣教法》以及《旧约创世纪》等篇，并在1814年终于出版了自己单独翻译的《新约全书》，译成后在广州印刷两千部。

1823年，马礼逊和新教传教士威廉姆·米怜共同翻译了《旧约》中从《申命记》到《约伯记》的几篇，并合作出版了线装本的中文《圣经》全译本，共21册，这就是知名的"马礼逊译本"。从此，基督教的全部经典得以完整地介绍给中国人。

这部《圣经》中译本在中国反响强烈。1847年洪秀全与洪仁玕为获得更多的基督教知识，就曾亲赴广州，到美国传教士罗孝全处"学习基督教道"，"研究《圣经》，听受功课"。在两个多月中将《圣经新旧约全书》"细览"一番，详细地了解了基督教的仪式和组织。这些宗教戒律仪式在后来的太平天国革命中被改造成相当完备的革命军队所需要的严格纪律，如洪秀全把摩西"十诫"改成"十款天条"，成为太平军初期的军律。马礼逊的《圣经》中译本被后来许多论著视为中国最早的《圣经》中译本。

其实早在马礼逊之前，就已有人从事过这项翻译工作了。马礼逊曾在来华前由一位名叫杨善达的广东人指导学习中文，同时他在伦敦博物院里找到过一本不完全的中文版《新约》，他曾小心地誊写过。这本残缺的《新约》，未署译者姓名，后来他在翻译《圣经》时，曾把此书作为根据。王治心的《中国基督教史纲》还揭示了另一个早于马礼逊翻译《圣

罗伯特·马礼逊（Robert Morrison）

民国刊印的《圣经》版画

经》的例子。热心研究中文的英国人麦西门在1806年留居印度西孟加拉邦首府加尔各答时,在一位中国天主教士和一位来自北京的中国人的帮助下,开始了《圣经》的翻译工作,并于1811年完成,1822年在印度塞拉姆浦尔用铅活字版印行,比马礼逊的《圣经》中译本全文出版早了一年。

　　这一版本是否就是《圣经》最早的中译本呢?回答还是否定的,因为崇祯八至十年之间(1635年—1637年),艾儒略就有《天主降生言行纪略》八卷,初刻于福州,附有木刻版画,又名《出像经解》。此书资料多取自《新约》,马祖毅《中国翻译简史》认为此本可算最早的《圣经》汉文节译本。艾儒略另外还有《旧约创世纪》的节译,光绪十四年的《道原精萃》将此译文收录。18世纪的一位耶稣会士贺清泰也曾用官话译出《古新圣经》,但未付印,章节与拉丁文《圣经》有所出入。徐宗泽认为此译本"文欠渊雅",其实他是用白话文翻译的,译文还算流畅。

传教士花之安写作《自西徂东》

清朝末年，随着中西交流的加强，西方传教士在中国的活动不断深入。有些传教士借在中国传播宗教之际，悉心研究中国文化，成为了学贯中西的知名汉学家。德国传教士花之安就是其中的佼佼者，他写作的《自西徂（cú）东》等著作，在一百多年后的今天看来仍然令人耳目一新，他也因此被誉为"19世纪最高深的汉学家"。

花之安原名福柏，1839年出生于德国科堡，早年曾受过科学和神学教育，二十三岁时他于巴门神学院毕业后到早巴塞尔大学、杜宾根大学进修，之后在哥达大学专修过植物学。福柏二十五岁参加了基督教礼贤会，1865年被派来中国传教。同年四月二十六日到达香港，随后辗转至广东传教。十多年后，福柏脱离礼贤会，以自由传教士的身份独立活动。1885年，福柏加入刚刚成立的同善会（AEPM），次年五月到上海进行著述和传教活动。随后1898年德军占领青岛，他赴青岛传教，并于1899年在这里去世，终年六十岁。福柏逝世后，德国胶州殖民管理当局和德国、中国的各方面人士一起表示了哀悼，为纪念他，1901年，教会以他的名字命名了在市区新建的一家为中国人提供医疗服务的医院——福柏医院，就是现在青岛市人民医院的前身。

花之安在中国的活动首先来自于他植物学家的身份。在南方工作的时候，他曾经深入峨眉山进行植物学研究，发现了一些植物新品种，都用他的姓氏命名。到青

花之安

岛后,他在传教工作之余,根据自己的兴趣开展植物学研究,并对植物生长情况进行了详细的调查,写作了《青岛至崂山植物概况》。

花之安同时醉心于中国的文化研究,著有《儒教汇纂(zuǎn)》、《中国宗教导论》、《中国妇女的地位》、《从历史角度看中国》、《孟子的学说》、《玩索圣史》、《明心图》、《自西徂东》等书,其中最有影响力的是比较文化论著《自西徂东》。他从1879年起连续5年在上海《万国公报》上连载文章,写作后期,《循环日报》编辑洪士伟等给他提供了莫大的帮助,后来这些文章在香港结集成为《自西徂东》一书。

全书分仁、义、礼、智、信五集。在中国传统文化中,这是中国价值体系中最核心的因素,最早脱胎于孟子提出"仁、义、礼、智",后经董仲舒扩充为"仁、义、礼、智、信",后称"五常",几千年来"五常"贯穿于中华伦理的发展中。花之安分门别类地叙述了"五常",以72章探讨了72个问题,每个问题先讨论其重要性,然后列举当时的中国在这个问题上的弊端,随后介绍西方的优越之处,最后从基督教教义的立场提出改良方法。

作为西方传教士,花之安的写作目的自然是实现宗教在中国的传播。在自序中,他说《自西徂东》的写作目的是为了惊醒中国人。他根据对中国社会状况的分析,就如何救济穷民、赡养老人和抚教孤子等诸多领域提出了看法。他认为,经危如累卵,虽然始学习西方,但只皮毛,并未得西学人要学习西方美好要从根本学起,也开始学起。如果仅于中国,不能以耶众,人民就会离心督教出发,道理纯弊。他说,当今的强,如果不从耶稣别人想助中国一当时中国的形势已中国人已有警悟开是学得西方的一些的精深之理。中国的事物,必须知道就是要从耶稣道理仅以西方的物质益稣基督之道教化民离德。如果能从基全,就没有异端之中国,要想奋发图基督教出发,即使臂之力,也爱莫能

西什库天主堂是北京最大、最古老的教堂之一

助。但是如果中国能跟随西来的传教士,真心追求基督耶稣,自西徂东,把西方的基督教与中国的儒教结合起来,听从传教士们这种糅合相补的说教,那么中国就会走上图强致富的道路。说白一点,花之安是要中国人接受他的宗教教化,沿着他指引的道路,向殖民地更快地迈进。

花之安在书中对中西方文明进行了对比,以西方的对照指出晚清中国社会、道德、文化的落后现状,还有针对性地提出了改良的办法。学贯中西的花之安深谙中西文化的精髓,在写作中既能把握中国士大夫阶层的心理,也能顺应殖民主义进行宗教奴化教育的需要,他将儒家的封建信条和基督教教义交错使用,营造了"孔教"的孔子同基督耶稣相互糅合、观念相融的氛围。需要强调的是,作为一名传教士,花之安并没有跳脱出职业的局限性,在论述问题之后把各个问题解决的落脚点都放在西方宗教的传入上,存在着很大的局限性。

综合来看,《自西徂东》确实是一本富有启发性的文化论著,在寻求救国之道为先的花之安时期,令当时的中国政治阶层和知识分子醍醐灌顶,推动国人在救国图强的探索中正视许多亟待解决的问题。甚至在百余年后的今天,国人读来依然惊叹于一名德国传教士竟能把某些中国社会问题看得如此透彻,发人深省,引人深思。

福柏医院

中国第一位驻外公使郭嵩焘

清朝末年,随着中西方交流增多,一些最早走出国门的中国人逐渐认识到西方国家日渐强大的真实面貌,这种客观自省的开明思想却引来了封建守旧势力的围攻,中国最早的驻外公使郭嵩焘跌宕起伏的人生,正是基于这样的背景发生的。

郭嵩焘,1818年生于湖南湘阴,曾就读于人才辈出的"岳麓书院",并在那里与曾国藩、刘蓉等相识,他们志同道合、相互切磋学问,成为至交好友;后经科举考试中进士名。是中国明清两朝时翰林院潜质者担任,目的是让他们可各种官职。情况有如今天的见习生或研究生)。作为湘军的创建人之一,在太平天国运动时期,郭嵩焘数次登门拜访居丧在家的曾国藩。他以诚意打动曾出山,随后辅佐曾国藩创办湘军直到1858年离开。

郭嵩焘中进士之前的在1840年到杭州给浙江正值鸦片战争爆发,他"亲见浙江海防之炮利让他印象深刻,埋下了伏笔。

1859年,英法军参与了防务筹建工作。理西方事务的观点,他认须先了解外国情况,还建议

选为翰林院庶吉士(庶吉士:官内的短期职位。由科举进士中有以先在翰林院内学习,之后再授

失意时期,曾经经友人推荐学政当幕僚。因为当时在地处前线的浙江,失","岛夷"船坚并为后来的思想转变

队滞留天津。郭嵩焘其间,他形成了一些处为要对抗西方的来犯,必选派精通外语的人才入京,

郭嵩焘

以及仿制西方战舰制约来犯者。这些观点得到了咸丰皇帝的赞赏。

1875年,郭嵩焘向清廷上奏《条陈海防事宜》,阐述自己办洋务的主张和观点。他指出,仅仅向西方学习坚船利炮的技术是远远不够的,而应当学习西方的政治经济,发展工商业。这些当时看来有些前卫的观点引起轩然大波,一时间郭嵩焘名声大噪。

当时恰逢中西外交史的一件重大事件——"马嘉理案"发生。英国勘探队以考察云南商贸情况的名义进入云南省,考察队的翻译官马嘉理私自带队侵入云南的腾越地区(今云南腾冲)探险,这支"探路队"不顾当地民众劝阻,反而扬言要进攻腾越城,并开枪打死群众数人。他们的挑衅行为遭到当地官民的强烈反对,5人都被杀死。

案件发生后,手足无措的清政府只得答应英方提出的诸多无理要求,抓捕惩处了当地的官员,处死涉案民众,并在1876年与英国签订了《烟台条约》,条约规定清政府须派公使前往英国道歉。清政府决定派以懂洋务著称的郭嵩焘赴英"通好谢罪",加授郭嵩焘为出使英国大臣,郭嵩焘成为中国历史上第一位驻外使节。

李鸿章与英国外交大臣

在中国历史上很长的一段时间里，中原地区的政治者一直自诩为华夏中心，怀有"天朝上国"的优越感，接受周边民族和国家的朝贡，从没有国家平等交往的概念。到了清王朝晚期，随着封建文化的日渐衰败，这种闭塞浅薄的观念和衰败的国力形成鲜明对比，演变成了一种夜郎自大的自我认知。当时的中国社会各界普遍认为，中华文明千百年来以其灿烂辉煌辐射四方，其他国家是中国的藩属，应当定期派"贡使"来华，怎么可以由中国派使"驻外"。消息传开以后，郭嵩焘遭到了顽固派的无端指责和侮辱，"汉奸"、"贰臣"之类的指责咒骂，汹汹而至。甚至在他的家乡，守旧势力强盛的湖南，当地群情激昂，视他为奇耻大辱，纷纷提出要开除他的"省籍"。

面对强大压力，郭嵩焘几次推脱，慈禧太后等清朝统治者亲自出面鼓励他："此事（出使）实无人任得，汝须为国家任此艰苦。"郭嵩焘才打消了请辞的念头。

慈禧太后

总理各国事务衙门简称"总理衙门"，是清政府为处理洋务而特设的中央机构

1876年12月，郭嵩焘从上海登船前往英国。临行前，清廷命令他把沿途的见闻以日记的形式记录下来。郭嵩焘也想尽快将国人从视异域文明为异端的"天朝上国"的迷梦中惊醒，于是欣然同意。1877年到伦敦后不久，他很快将自己的日记《使西纪程》寄回国。在日记中，他客观记录西方风貌并进行中肯的评价，内容涉及政治、经济、地理、人文风貌各个方面，尽可能将自己的所见所闻与国人分享。

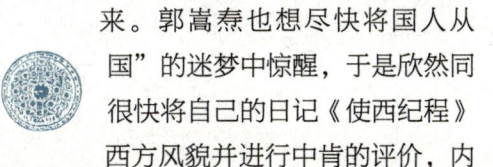

总理衙门把日记出版发行后，立即引来朝野顽固守旧势力的口诛笔伐，一时间群情激昂，各种侮辱纷至沓来。他们认为郭嵩焘夸大了西方社会的富庶和先进，丧失了中国人的骨气，对清政府有异心，并且认为应当将他革职召回国内。

在英国大使馆内部，郭嵩焘的副手刘锡鸿也同国内的守旧势力勾结，监视他的一举一动，并且歪曲事实反馈回国内，将他的一些正常的外交礼节罗织成有损大国体统的种种"罪状"报告给清政府，甚至污蔑郭嵩焘向英国人诋毁朝政，向英国人妥协等。两人势同水火的关系最终导致清政府将两人同时召回国内。在李鸿章等人的求情之下，清政府才对郭嵩焘免于治罪。

郭嵩焘于1879年1月启程回国，因心力交瘁回到国内后便请辞回乡了。

在他的家乡湖南长沙，又遭到了当地民众满城揭帖的侮辱。回乡后的郭嵩焘经常在家分析时局，讨论政事，有识之士也以他不能为清廷所用而深感惋惜和遗憾。1891年7月18日，郭嵩焘在无限寂廖中因病离世。他去世后，李鸿章曾上奏为他立传，但未获朝廷旨准。郭嵩焘对历史的发展和自己的人生选择充满信心。在去世前不久写下了"流传百代千龄后，定识人间有此人"的精彩诗句。

1922年，梁启超在纪念《申报》50周年时，著文《五十年中国近代概论》讲述了这一近代中国进化过程中令人心酸的故事。所幸，历史是不断向前发展的，独立自主的中华民族怀着开放的心态，能够以更加客观的态度找寻在这个世界上的位置。

马克思主义被引入中国

毛泽东同志曾经说过："十月革命的一声炮响，为我们送来了马克思主义。"查阅这段历史，我们会发现，实际上马克思主义并不是由十月革命的发生地苏联传入中国的，早在十月革命以前，国人就开始了对马克思主义的零散介绍。

最早在中文出版物中提到马克思和恩格斯的名字，是1898年上海广学会所出版、胡贻卜翻译的《泰西民法志》，这是我国出版的中文书籍中首次出现马克思的名字。

早期在著作中介绍马克思的还有资产阶级改良派的梁启超，他在1902年10月28日发表在《新民丛报》第18号的文章《进化论革命者颉（xié）德之学说》中提到了马克思。他指出，日耳曼人麦喀士（马克思）是社会主义的泰斗也，德国最占势力的两大思想，一是麦喀士的社会主义，二是尼志埃（尼采）之个人主义。麦喀士认为社会之弊端是多数的弱者被少数强者压迫。

在辛亥革命前，资产阶级革命先驱孙中山、朱执信、廖仲恺等都接触过马克思主义，摘译过马克思的著作。孙中山在1905年曾自称为"中国社会主义者"，提出中国社会主义者也要采用欧洲的生产方式，直接过渡到社会主义生产阶段，预计十几年内中国所有的行会都是社会主义，可以实现梦寐以求的理

李大钊

想。同年，朱执信写作《德意志社会革命家小传》时，介绍了马克思、恩格斯的生平活动和《共产党宣言》的要点，认为它不同于那些"空言无所稗（bì）"的空想社会主义言论。

追溯马克思主义思想的过程，恐怕得从中国近代的留学风潮开始。马克思主义的早期引入者，主要是当时初步具有共产主义思想的留法、留日知识分子。

十月革命的发生，为国内寻求救国之道的有志之士带来了一缕黎明的曙光，他们纷纷认识到马克思主义的重要性，激情澎湃地迈出国门，怀揣着救国梦想，探寻救国之道。

20世纪初的日本经过明治维新后成为强国，许多中国留学生希望借研究日本的图强之道，寻求振兴中华的途径，掀起了日本留学潮。中共的早期领导者当中，留日学生占了很大的比例。其中，赴日最早的陈独秀从1901年至1915年先后到日本5次。五四运动前后，李大钊、李汉俊、李达、陈望道、董必武、周恩来、彭湃等，纷纷前往日本留学。其中，"三李"李大钊、李汉俊、李达的理论素养比较高，社会影响最大。

留日的中国学生们不断地把日文版的马克思主义文献翻译介绍到中国。1919年，日本著名的马克思主义经济学家河上肇、山川均分别创办了刊物《社会问题研究》和《社会主义研究》。1920年，幸德秋水的著作《广长舌》和《二十世纪之怪物帝国主义》，译成中文出版，这些关于马克思主义思想的著作和文章一经带到中国，很快在中国流行开来。"社会主义"一词就是此时从日语中引进的。李达回忆到，中国接受马克思主义得自日本的帮助很大，因为中国没人翻译，资产阶级学者根本不翻译，而无产阶级的代表又翻译不了。

李大钊可以说是在国内系统介绍马克思主义思想的第一人。1914

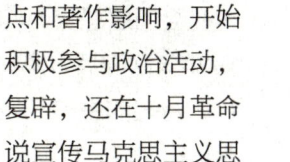

年1月到1916年5月间他曾在东京早稻田大学政治本科学习，期间深受幸德秋水、河上肇的观点和著作影响，开始接触马克思主义。他积极参与政治活动，组织活动反对袁世凯复辟，还在十月革命后率先发表论文和演说宣传马克思主义思想。

在1919年的"问题"与"主义"的论争中，李大钊写下《再论问题与主义》，对胡适的资产阶级改良主义和实验主义思想进行了有力驳斥，划清了马克思主义与改良主义的界限，为马克思主义传播开辟了道路。同年10月，李大钊发表了我国第一部系统地全面介绍马克思主义的论著《我的马克思主义观》，文章深刻阐述了马克思主义的唯物史观、政治经济学和科学社会主义这三个组成部分，使国人对马克思主义有了全面正确的新认识。李大钊自1920年下半年起，在北京大学等5所高等学校开设《现代政治》、《唯物史观》等课程，系统讲授马克思主义。

李汉俊在十四岁那年赴日留学，后考入日本东京帝国大学学习。其间因为与日本著名社会主义者河上肇的师生之谊，从学习数学开始研究马克思主义，并将一些英、德、日文的马克思主义书刊带回国内，在上海开始了翻译和撰述。他的著述丰富，在《新青年》、《星期评论》、《民国日报》等刊物上先后发表相关文章与译文九十余篇。他对中国共产党的成立也做出了很多的贡献，翻译出版了《马格斯资本论入门》，参与了《唯物史观》的翻译，这是我国较早传播马克思主义的两部译著。李汉俊也因为其较高的理论造诣被公认为党内的理论精英。

1913年，怀揣实业救国之梦的李达赴日留学，却因染上疾病，不得不在1914年回国休息三年。在1918年回到日本之后，他改变了思想，开始研究马克思主义。他认真研读了《共产党宣言》、《资本论》、《序言》、《国家与革命》等马列著作和大量日文报刊，迅速成为马克思主义的笃信者和宣传者。"五四"时期，李达虽身处日本却积极为国内报刊撰写文章，发

李达

表了《什么叫社会主义》、《社会主义的目的》等文章,论证社会主义代替资本主义的必然性,他还翻译了《唯物史观解说》、《马克思经济学说》、《社会问题总览》等著作,发回国内出版,积极参与马克思主义的传播。1920年回国后,李达参加了《新青年》的编辑工作,担任理论刊物《共产党》月刊的主编,发表《社会革命底商榷（què）》、《无政府主义之解剖》等文章,在与梁启超、张东荪等人的基尔特社会主义的论战中,李达撰写了长篇论文《讨论社会主义并质梁任公》,指出:"在今日而言开发实业,最好莫如采用社会主义。"阐述了社会主义的优越性。

在早期马克思主义传播者的努力下,马克思主义在国内广泛传播开来,为中国革命的胜利打下了坚实的理论基础。

不懂外文的译界泰斗——翻译奇人林纾

中国翻译史上曾经出现过一个奇人，自己不懂外文，却在近三十年的时间内，与别人合作翻译，介绍了英、美、法、俄、日、西班牙、比利时、挪威、希腊等国一百八十余种小说，翻译字数达一千二百万，不但在我国翻译史上非常罕见，恐怕在世界翻译史上也寥寥无几。这个翻译奇人就是近代著名翻译家林纾，他可谓是翻译界的奇葩。

林纾（1852年—1924年），字琴南，号畏庐冷红生，福建闽县人，年幼时曾因家贫，寄住在外祖母家。但他自幼爱好读书，受私塾老师的影响，对中国文学产生了浓厚的兴趣，嗜（shì）书如命的林纾常常如饥似渴地沉溺于阅读之中。到二十岁时，已经打下了坚实的文字根底。林纾在二十三岁时开始教儿童读书识字。三十岁时虽然考中举人，却在此后七次参加进士考试中都名落孙山，屡试屡败的惨痛经历使他因而从此绝意于仕途。

1895年，年过不惑的林纾在朋友王寿昌的引介下，意外与翻译结缘。当时，王寿昌刚刚从法国归来不久，经常向林纾谈起法国观感，还向他介绍了当时法国风靡一时的作家大仲马和小仲马，在讲到小仲马的小说《茶花女》时，他建议林纾把《茶花女》翻译成中文。对外语一窍不通的林纾起初不敢答应。当时恰逢林纾母

《巴黎茶花女遗事》刻本

亲病故，不久之后他的妻子也不幸亡故，为了帮助林纾走出消沉，王寿昌再三劝说他参与翻译，他终于答应的合作翻译，王寿昌逐字逐句详速记录成文。林纾承受着丧妻之常同情，译到伤心的情节，甚至使得译文与原著有些出入，但是感同身受的体会和缠绵悱恻的文笔，深深地打动了读者。1899年，翻译小说《巴黎茶花女遗事》出版，向国人讲述了一个不同于传统才子佳人格局的独特爱情故事，很快在国内风行起来，一时间洛阳纸贵。玛格丽特和亚芒的爱情故事，得到了广大中国读者的同情。

试一试。他们开始了《茶花女》细讲解法文原意，林纾边听边迅痛，对书中男女主人公的遭遇非大声痛哭。因为感情投射，尽管

《巴黎茶花女遗事》是近代最早的一部广泛传播开来的翻译小说。国人的认可引起了林纾翻译外国文学的兴趣，在某种程度上激励着他沿着翻译文学作品的道路继续走了下去。

随后的二十七年生命中，林纾与十几位海外归来的才子们合作，共翻译了一百八十余部西洋小说，作品广泛涉及英国、法国、德国、俄国、美国、挪威、西班牙等国家，其中有英国作家狄更斯著的《大卫·科波菲尔德》、英国哈葛德的《天女离魂记》，俄国托尔斯泰的《恨缕情丝》，西班牙塞万提斯的《魔侠传》，法国森彼得的《离恨天》，英国司各特的《撒克逊劫后

英雄略》、笛福的《鲁滨逊漂流记》等世界名著。林纾作品的单行本大都由商务印书馆刊行，没有专门单行本出版的也大多在《小说月报》、《小说世界》上刊载。他与魏易、曾宗巩、陈家麟、毛文钟等合译美、英作品，与王寿昌、王庆通、王庆骥（jì）、李世中等合译法国作品。他翻译速度极快，有时候口述者还没有讲完，他已经落笔在纸上，洋洋洒洒千言不改一字。尽管林纾不懂外语，须由别人口述，才能成文。但他古文功底深厚，文笔流畅优美，甚至常常能够弥补原作的不足，翻译出来的作品颇为动人，影响深远。他翻译的《撒克逊劫后英雄略》既能保有原文的情调，人物也非常传神，"林译小说"也成为一个专用名词。

狄更斯是19世纪英国批判现实主义小说家

林纾译得最多的是英国哈葛德的作品，包括《迦因小传》、《鬼山狼侠传》等多达20种，还有英国柯南道尔的福尔摩斯系列，有《歇洛克奇案开场》等7种。林纾翻译的西洋小说向旧中国的民众展示了丰富的西方文化，开拓了人们的视野，也牢固地确立了林纾作为中国新文化先驱和译界之王的地位。林纾被公认为中国近代文坛的开山祖师及译界的泰斗，并留下了"译才并世数严林"的佳话。

林纾青年时代便关心世界形势，认为中国要富强，必须学习西方。他也把翻译外国小说作为向国内介绍外国政治、经济以及社会状况，唤醒同胞的途径。所以在选择翻译作品时，他挑选了一些像《黑奴吁天录》（即《汤姆叔叔的小屋》）这样反映黑人奴隶的悲惨生活，具有反封建反帝国主义色彩的作品，希望能使国人觉醒。小说出版后引起了强烈的社会反响，读者争相阅读，深受感动。

林纾乐善好施，曾因译作畅销月入近万，他将大部分稿酬都用于资助家境贫寒的学生。自己不会外文，却资助了许多到国外深造的留学生。新文化

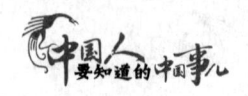

运动时期，晚年的林纾因使用古文体备受冲击，丢了北大的教席。他曾经资助的学生大都学成归来，共同捐款成立了一个基金会，既支持林纾的翻译工作，也用于资助他的生活。

　　林纾是近代最早涉足外国文学翻译的翻译家之一，是国内翻译外国文学作品最多的人。他的"林纾小说"开拓了国人的眼界，掀起了20世纪初翻译外国文学的高潮，对当时的文学事业发展和社会进步都起到了巨大的推动作用。

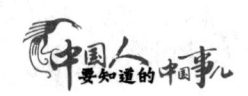

庚子赔款反哺近代中国留学事业

清政府闭关锁国的政策被打破以后，在外国列强的逼迫之下，签订了一系列丧权辱国的条约。条约中一项重要的内容就是向西方国家割地赔款。于是，清王朝的大量财富随着条约的签订，在白银赔偿中流进了西方列强的腰包。然而，帝国主义在中国争夺势力范围的情况是十分复杂的，随着各国之间势力的拉锯平衡，侵略者竟然也发生了将获得赔款的部分返还用在中国留学生培养上的特别事件。是中国反败为胜，还是掠夺者的良心发现？要追根溯源，还得从八国联军进京及随后的庚子赔款说起。

1900年是中国传统历法的庚子年。这一年，义和团运动喊着"扶清灭洋"的口号，在北方各地掀起了高潮，清政府也公然与西方列强对抗。然而，由于敌我军力的悬殊，八国联军很快攻进北京，占领了紫禁城，懦弱的清王朝统治者逃窜出京，一时间生灵涂炭，广大黎民百姓遭到了侵略者的无情践踏。

于是，八国联军进北京的第二年，清政府为延续自己的统治地位，迫于压力，派代表奕劻和李鸿章与德、法、俄、英、美、日等11国驻华公使会面，于1901年9月7日在北京签订了中国历史上丧权辱国的《辛丑条约》。条约第六条规定，各国"偿款"海关银四亿五千万两，年息四厘，分三十九年还清，本息合计九亿八千二百二十三万八千一百五十两，以海关税、部分地区的常关税和盐税作抵押。

这笔巨额赔款起因于庚子年的义和团运动，通称"庚子赔款"，这项赔款也使得落后的旧中国彻底沦为半殖民地半封建社会。

经过各国列强的瓜分，美国共从四亿五千万两的"偿款"中分得百分之七，折合美金两千五百万元。当时的中国驻美公使梁诚就赔偿黄金还是白银

参加《辛丑条约》签字仪式的十一国公使

一事与美国国务卿海约翰谈判，"勒索得太多"的看法。梁诚到庚子赔款中美国军队在上报是据理力争，提出减收赔款的海约翰无意中也流露出庚子赔款机敏地捕捉到了这一细节，意识损失中存在浮夸冒报的情况，于请求。

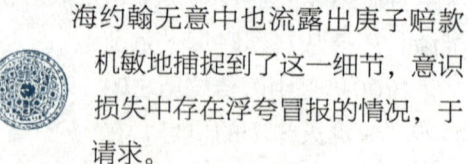

20世纪初的中国社会，兴起向西方学习寻求救国之道的风气，也随之迎来了派遣留学生出国的高潮。由于美国离中国远，留学费用昂贵，美国又实行排华的移民法，种种原因使得中国学生选择赴美留学的并不多。于是，东邻日本成为中国留学生的首选之地。意识到赴日留学潮会提升日本在中国的影响力，美国渐渐不安起来，意图在吸引中国留学生方面做出努力。

在这种情况下，1905年至1906年间，美国社会部分人士提出将尚余的庚子赔款退还中国，用于发展教育事业，用从中国抢去的赔款对中国教育进行再投资。

1906年，美国伊利诺大学校长爱德蒙·詹姆士向西奥多·罗斯福总统提交了一份备忘录，阐述了对中国进行教育投资的种种好处："哪一个国家能成功地教育这一代中国青年，哪一个国家便将由于付出的努力而在精神上、知识上和商业影响上获得最大可能的报偿。"利益的驱动和吸引使得美

八国联军在石舫上

国当局开始考虑他的建议。

美国传教士明恩溥在拜见罗斯福总统时还向总统提建议将庚子赔款用于开办教育中国留学生的学校。

在他们的合力推动鼓吹之下，1908年5月，美国国会正式通过了罗斯福退还应得赔款"余款"的提案。

1908年，中美双方草拟了退还赔款的规程，清政府在4年内，每年至少派留美学生100人。如前4年达到400人。第5年起每年至少派50人赴美，直到退款用完。严格选拔被派遣的学生，要"身体强壮，性情纯正，相貌完全，身家清白，恰当年龄"，中文程度须能作文及有文学和历史知识，英文程度能直接入美国大学和专门学校听讲，并规定他们之中，应有80%学农业、机械工程、矿业、物理、化学、铁路工程、银行等，其余20%学法律、政治、财经、师范等。

1909年，该提案付诸实施，美国公使向中国政府声明退还一半庚子赔款用于中国教育，另一半则以"实应赔偿"，赔偿美国出兵中国的军费和美在华商人与传教士的损失，被美国政府保留。

根据双方商定的规定，1909年6月，清政府在北京设立游美学务处，这也是清华大学的前身，负责考选学生。从1909年至1911年中，实际派遣了180名20岁以下的男生，另有一批留美幼童12人，这是自19世纪70年代百名幼童赴美之后中国又一批大宗留美学生的开始。

随后清华学堂在1911年4月正式开学，旨在培养留美预备生，此后每年的高等科毕业生都全部资送留美。还有一部分津贴生，即一些接受清华津贴

庚子事变后的前门

资助的自费留美学生。1911至1929年，清华共派遣留美学生1279人，资助津贴生475人，成为我国派遣公费留学生的一条重要渠道。经过十余年的发展，中国近代留学潮终于在20世纪20年代被引向了美国。

美国的做法引起了其他列强的效仿，1923年起，英、法、意、比、荷等帝国主义国家也开始用庚子赔款对中国进行文化侵略。第一次世界大战爆发后，中国向德国、奥地利宣战，并停止赔付庚子赔款。一战以后，碍于中国的战胜国身份，各国力图和平发展在华势力，于是纷纷退还庚子赔款。只有日本分文不退，并将这笔钱用于扩充军备，后来发展成为军事强国。

美国等帝国主义国家将"庚子赔款"用于招揽中国留学生的操作，对中国近代社会发展影响深远。大量留美学生远赴海外，不但学习西方科学技术，同时，现代西方的物质文明与民主主义、自由主义思想也深深影响了他们。许多留学生成为西方资产阶级新文化的传播者和中国新文化的启蒙者，积极投身到民族振兴和社会政治变革的洪流中去。

杜威和罗素谈中国问题

谈起中国近代的思想演进，绕不开两位著名的西方思想家，他们远涉重洋来到中国，用自己的视角发表对这个古老东方国度各类社会问题的观点和看法，这两位学者就是杜威和罗素。

首先来到中国的是美国唯心主义哲学家、社会学家、教育家、实用主义主要代表之一的杜威，当时中国教育界有影响的人物，如胡适、陶行知、蒋梦麟、郭秉文等都是杜威的学生。受江苏省教育会、北京大学行知学会等一些中国教育团体的联合邀请，杜威于1919年来到中国，在这里滞留两年多，其间广泛活动并举办一系列演讲，在当时的思想界产生了重大的影响

杜威（1859年—1952年）曾经在美国多所知名大学和研究机构任职。他在1894年任美国芝加哥大学哲学系主任，1896年在该校推行所谓新的教育，创建了实验学校并担任实验学校校长，1904年起转任哥伦比亚大学哲学系主任。他还曾担任过美国心理学会、美国哲学学会和美国大学教授联合会会长。他的教育哲学，在本世纪初的欧美各国非常流行，得到大众的认可。

杜威原计划只在中国讲学几个月，然而他所到之处，受到了广大师生、知识界、舆论界和当局的热烈欢迎和热情接待，他先后到过奉天、直隶、山西、山东、江苏、江西、湖北、湖南、浙江、福建、广东等十多个省，渐渐对中国产生"好感"，于是不断延长在华时间，还受聘在北京大学任教一年，直到两年零两个月后的1921年7月11日才离开。他的学说随着他在各地的演讲迅速风靡起来，各种小演讲录广泛出版，其中《杜威五大讲演》是他在北京五种演讲的汇总，分别是《社会哲学与政治哲学》、《教育哲学》、

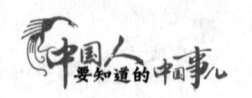

《思想之派别》、《现代的三个哲学家》、《伦理讲演纪略》，在他离开中国前就出了十版。

杜威来华期间，他的得意门生胡适担任他的演讲翻译，胡适对杜威颇为尊崇，认为自从中国与西洋文化接触以来，没有一个外国学者在中国思想界的影响有杜威这样大，称"我们还可以说，在最近的将来几十年中，也未必有别个西洋学者在中国的影响可以比杜威先生还大的"。有学者认为杜威的教育理论是被中国学术界推向高潮的。后来，杜威的女儿在《杜威传》一书中曾说："中国仍然是杜威所深切关心的国家，仅次于他自己的国家。"

杜威的思想无疑给当时正值"五四"前后寻求变革的中国知识分子注入了一针强心剂，他在讲演中大肆宣传实用主义和社会改良主义，极力宣扬西方资产阶级民主和美国的世界主义，鼓励学生树立实用主义的人生观，号召人们避开革命，用实用主义循序渐进改良社会政治问题。杜威顺应时代发展的趋势，对传统教育理论进行了批判，对教育史上的许多理论进行了探讨。他注重教育实践，对现代教育理论的发展产生过积极影响。他宣扬教育万能，教育可以改造社会，倡导形成"共同的兴趣、目的和观念"。他诋毁马克思主义和社会革命，仇视并且攻击"五四"运动。以教育来维护"民主"，使民众

借助胡适等人的推广，杜威的学说在中国思想界蔓延开来，陈独秀也接受了他的学说，认同了他的实用主义。杜威思想的风靡（mí）引发了当时的问题与主义之争，这是马克思主义和反马克思主义的第一次论战。

杜威的来华之行在宣讲自己学说的同时，还顺便接洽了另一位著名哲学家罗素的来华之行。罗素（1872年—1970年），被誉为现代世界三大哲学家之一，是英国唯心主义哲学家、数学家、逻辑学家。当时的中国思想界对他并不了解，但是杜威在讲演中对他的学说进行了大肆的宣传，逐渐引起了人们的注意。于是，1920年9月，在梁启超创办的讲学社和北京大学的联合邀请下，罗素来到中国。

罗素曾经对俄国的十月革命和苏维埃政权寄予希望，来中国以前，他曾访问过苏俄。随着对俄国情况的直观了解，他对十月革命和苏维埃政权产生了强烈的不满情绪。

从1920年9月直到1921年7月离开中国，前后10个月，罗素做了《布尔

什维克与世界政治》、《教育之效用》、《物的分析》、《社会结构学》、《社会主义》、《中国人到自由之路》等知名演讲。他在讲演中极力反对俄国十月革命和阶级斗争,他说:"当我在俄国的时候,我对布尔什维克将其方法和目的介绍到西方国家去的那种尝试极其关心。但是我相信这是完全无用的尝试。"

罗素也认为教育是中国社会发展的当务之急,意义重大。而中国实业并不发达,没有阶级差别和阶级斗争。罗素的讲演为张东荪、梁启超等研究分子提供了有力武器,从而又引发了另一场马克思主义者和反马克思主义者的大辩论。然而随着辩论中研究分子节节败退,罗素牵涉其中,声誉受损,在1921年7月回国。

罗素回国后在英国报刊发表了一系列关于中国及远东的评论,1922年结集成为《中国问题》。他也因为书中对中国社会的众多独到见解,被誉为"中国问题专家"。他强调了中国发展对世界局势的重大影响,他认为,在未来的两个世纪里,无论中国朝好的方向发展,还是朝坏的方向发展,都将对世界的局势产生决定性的影响。

另外,罗素对中国的传统文化有很深的见解,认为孝道对社会发展具有负面作用:因为官员必须供养亲属,所以为官清廉和孝道之间存在着冲突,这正是问题根源所在。所以,中国社会要进步,必须打破家族制度。

罗素对近百年来中国知识分子的反传统心态也阐发了不同的看法,他对北京的一些中国知识分子购买冒牌的西方家具以及抄袭模仿西方思想颇不以为然,他指出,中国是一个艺术家的国度,我们从他们那里学到的,比他们从我们这里学到的更多;中国人,即使是最先进的知识分子,也在向白人民族(尤其是美国)寻求道德格言以代替孔子的语录,他们还没有想透彻一般人民的道德都是差不多的。

杜威和罗素的中国行,带来了当时世界先进的思想,为当时在变革中迷茫探索的中国人提供了一种可能。